AF275986

Balzac
Explorador de lo humano

Émile Zola

www.archivosvola.es

rescatando el acervo

Capítulo extraído de *Les Romanciers naturalistes*

G. Charpentier éditeur, París, 1881

Traducción publicada en *La España moderna*, Madrid, 1890

ISBN: 978-84-129137-8-1

Índice

HONORÉ DE BALZAC
(Tours, 1799 - París, 1850)
retratado por Louis-Auguste Bisson en 1842

BALZAC

LA OBRA LITERARIA

La comedia humana es como una torre de Babel, que no ha tenido tiempo de concluir la mano del arquitecto. Trozos de muralla hay que amenazan caerse de viejos y obstruir el suelo con sus escombros. El obrero ha hecho uso de cuantos materiales ha tenido a mano: yeso, argamasa, piedra, mármol, hasta arena y fango de los fosos. Y con esos materiales, muchas veces cogidos al azar, sus rudos brazos han levantado el edificio, sin preocuparse gran cosa de la armonía de las líneas, del equilibrio y de las proporciones de la obra. Parécenos oírlo anhelante en su cantera, tallando los sillares a descomunales martillazos, burlándose de la gracia y finura de las aristas. Parécenos verlo subir pesadamente por los andamiajes, enjaretando aquí una gran muralla desnuda y rugosa, alineando más lejos columnatas de una serena majestad, abriendo a su capricho los pórticos y los huecos, olvidando a veces tramos enteros de escalera, mezclando con la inconsciencia y el poder del genio lo grandioso y lo vulgar, lo exquisito y lo bárbaro, lo excelente y lo pésimo.

A estas horas yace el edificio sin rematar, perfilando su masa monstruosa en el cielo despejado. Es una aglomeración de palacios y de tugurios, uno de esos monumentos ciclópeos que soñamos, llenos de espléndidos salones y de escondrijos afrentosos, cortado por anchos paseos y por angostos pasillos donde hay que andar a rastras. Acumúlanse unos sobre otros, elevándose y aplastándose, pisos de diversos estilos. De pronto nos encontramos en un cuarto; sin saber cómo hemos subido hasta él, ni cómo volveremos a bajar. Andamos de continuo; nos perdemos cien veces; a cada paso tropezamos con nuevas miserias y nuevos esplendores. ¿Es un sitio sospechoso? ¿Es un templo? Vacila uno en decirlo. Es un mundo, un mundo de creación humana, hecho por un albañil prodigioso, que tenía sus momentos de artista.

Por fuera –ya lo he dicho– es una Babel, es la torre de mil arquitecturas, la torre de yeso y de mármol, que quiso levantar hasta el cielo el orgullo de un hombre, cuando ya empezaban a caer por el suelo fragmentos de muralla. En esa serie de pisos superpuestos se han abierto negros agujeros; aquí y allí ha desaparecido un esquinazo; han bastado las lluvias de unos cuantos inviernos para desmoronar el yeso que con harta frecuencia empleó la mano precipitada del obrero. Pero todo el mármol queda en pie; intactas se encuentran todas las columnatas, intactos todos los frisos, que el tiempo ha engrandecido y blanqueado. Con tal instinto de lo grande y de lo eterno se ha construido la torre, que la armazón del edificio parece deber conservarse íntegra por siempre; podrán desplomarse trozos de muro, podrá haber suelos que se hundan, podrá haber escaleras que se rompan: las hiladas de sillares resistirán constantemente; la gran torre se alzará tan erguida, tan alta como antes, apoyada en los amplios pedestales de sus gigantescas columnas; poco a poco irá desapareciendo todo lo que es barro y arena, y ese día aún surgirá en el horizonte el esqueleto de mármol del monumento, como el inmenso y recortado perfil de una ciudad. Si en un porvenir lejano, algún viento terrible que arrebatase nuestra lengua y nuestra civilización, desplomara al suelo la armadura del edificio, los escombros formarían tal montaña, que ningún pueblo podría pasar por delante de la mole sin decir: "Ahí fue Troya".

Balzac nació en Tours el 16 de Mayo y de 1799, y pasó siete años en el colegio de Vendôme, que estaba entonces muy en boga. No fue de niño un prodigio, como Víctor Hugo. Al revés: sus profesores lo tenían por una inteligencia mediana, torpe y perezosa. La verdad es que aquella cabeza de ojos entornados y expresión distraída estaba hondamente trabajada. Cuando por su indolencia le encerraban en el calabozo, devoraba en secreto los libros que caían en sus manos. Lo atormentaba la pasión de la lectura y revolvía un mundo de ideas, tan complexo para su edad, que cayó enfermo. Nadie adivinó la causa de su dolencia; lo mandaron a su casa, y asistió a las clases del colegio de Tours. La familia, por su parte, tenía de él muy pobre idea, y se reía de las primeras ambiciones que lo aguijaban. Hacia fines de 1814 fue con sus padres a París, donde acabó sus estudios, sin brillantez, como siempre. Fue sucesivamente pasante de notario y de abogado; pero su temperamento repugnaba la faramalla curialesca, y acabó por conseguir autorización de su padre para probar fortuna en la carrera de las letras. Su familia cedía muy a regañadientes; no le concedía más que un año de prueba, señalándole entretanto una mensualidad, hábilmente calculada para que no se muriera de hambre y abominase la vida de las buhardillas. Finalmente, para evitarle la vergüenza de un fracaso, seguro a sus ojos, los padres le habían exigido que el ensayo se realizase en secreto, y que, aun a los amigos íntimos, se les hiciese creer que Honorato estaba con un primo en Montauban.

Helo, pues, en París, en un chiribitil de la calle de Lesdiguières, libre de soñar y de escribir a sus anchas. Primero quiso producir para la escena, y zurció con las mayores fatigas una tragedia en cinco actos, *Cromwell*, que la familia y los amigos reunidos, en cuya presencia se leyó, juzgaron de lo más mediano. Estimada suficiente y decisiva la prueba, tuvo que volverse a su casa, a pesar de todo, siguió escribiendo. Entonces fue cuando produjo esa infinidad de novelas de pacotilla, de que nunca quiso reconocerse padre. Cuarenta volúmenes publicó bajo pseudónimos en cinco años. Se estremecía bajo el peso de aquella tarea odiosa; su genio se agitaba sordamente, y le hacía encontrar abominable semejante empleo del tiempo. Si hubiese tenido entonces una pensión de mil quinientos francos, se hubiera librado probablemente de los apuros que lo abrumaron toda la vida. Para sustraerse a la dependencia en que vivía en la casa paterna, se decidió a probar suerte en el comercio; compró una imprenta, y publicó ediciones económicas de La Fontaine y de Molière. Tenía a la sazón veinticinco años. La empresa fue desastrosa. Como la familia se negó a ayudarlo a salir del aprieto, tuvo que retirarse con un pasivo bastante considerable: tal fue el principio de las deudas que tan terriblemente pesaron sobre él toda la vida. En 1827 volvió a encontrarse en París, en medio del arroyo, abandonado de todos, sin un franco, y sin más que su pluma para vivir y pagar las deudas. Entonces empezó la lucha sin tregua que sostuvo hasta su muerte. No hay héroe que pueda alabarse de haber realizado tanto prodigio de voluntad y de valor.

Balzac tenía veintinueve años. Fijó su domicilio en la calle de Tournon. Todos sus allegados le tenían lástima, y criticaban acerbamente sus menores acciones. Hay que figurárselo en su cuartito, sin contar con nadie que tuviese fe en él, y juzgado por sus mismos padres como una cabeza destornillada, incapaz de crearse una buena posición. Entonces fue cuando escribió los *Chuanes*, la primera novela que firmó. Como siempre sucede, la prensa fue benévola al pronto con aquel desconocido; todavía no estorbaba a nadie, y conservaba la modestia del principiante. Pero pronto cambiaron las cosas; desde las siguientes novelas, toda la crítica se desencadenó contra él: se empeñó la lucha; lo arrastraban por el lodo a cada nuevo libro que publicaba. Más tarde, la pintura que hizo del mundo de los periodistas en las *Ilusiones perdidas*, acabó de malquistarlo con los periódicos; y a pesar de las obras maestras que lanzaba a la publicidad en respuesta a todos los ataques, puede decirse que murió sin haber triunfado. Se le hizo la apoteosis en la tumba.

No he de entrar en pormenores de una vida sencillísima y conocida de todos. Se sabe que vivió sucesivamente en la calle Tournon, en la calle Cassini, en la de las Batallas, en los Jardies, en la calle Baja, en Passy, y por último, en Beaujon, en donde murió. Se sabe que su existencia entera quedó prendida en la red de las deudas; que se revolvía en una maraña de pagarés y renovaciones de pagarés, explotado por usureros, hundiéndose más a cada hora, y haciendo milagros de trabajo sin conseguir salvarse. Toda su vida fue una labor le titán. Huía a ratos de sus amigos más íntimos; era de una discreción feroz en el capítulo de mujeres. Desaparecía a menudo: se iba de viaje sin avisar a nadie. Si colocaba la acción de una de sus novelas en una ciudad que no conocía, tenía irremisiblemente que visitarla, y así ha recorrido casi toda Francia. Además, se lanzaba a mayores aventuras: iba a Saboya, a Cerdeña, a Córcega, a Alemania, a Italia, a Rusia. Por supuesto, no paraba su incesante producir durante los viajes; trabajaba en todas partes; bastábale la esquina de una mesa. No se destaca ningún gran hecho en la existencia de este obrero poderoso. Añadamos que no había muerto en él completamente el hombre de negocios, y que con frecuencia ejercitaba su imaginación de novelista en el dominio de los inventos y de las empresas: así ideó la fabricación de un nuevo papel para la impresión de sus obras; así pensó en sacar partido de las escorias que dejaron los romanos en Cerdeña, fundándose en que los procedimientos de la metalurgia eran muy defectuosos en la antigüedad. En aquel cerebro siempre activo nacían sin cesar proyectos sorprendentes. También quiso ser hombre político, y fracasó. Felizmente para la gloria de las letras francesas, tuvo que reducirse a ser un simple novelista, y gastar su genio en las obras que la necesidad le hacía dar a luz tan dolorosamente.

La novela de su vida fue su matrimonio con la condesa Hanska. Conoció a esa dama estando casada; la amó diez y seis años; al fin contrajo matrimonio con ella poco antes de morir. Al celebrarse el enlace en Rusia, él estaba ya herido por la enfermedad del corazón; no volvió a Francia más que para expirar. Hoy su correspondencia da pormenores muy interesantes sobre esa unión, que había proyectado y contraído en el más absoluto misterio. Presentaré aquí un Balzac íntimo, de una prudencia y de una ambición asaz singulares.

Bastarán estos pocos detalles biográficos para dispensarme de explicaciones complicadas a cada fragmento que cite de las cartas de Balzac. De esa suerte no habrá vacíos demasiado grandes en mi análisis. No intento dar más que un simple resumen de la correspondencia. He leído la colección con el mayor detenimiento, fijándome sobre todo en las cartas que proyectaban una luz nueva sobre Balzac, o que aclaraban, por lo menos, los grandes acontecimientos de su vida. Toda mi tarea va a consistir en agrupar las cartas que se refieren a unos mismos hechos, y presentar así al Balzac íntimo, al verdadero Balzac, el gran corazón y el gran cerebro que no conocíamos aún enteramente. Hoy, por cima de esa torre ciclópea, por cima de ese monumento de que he hablado y que permanecerá en pie al través de los siglos, hay que levantar su estatua, la estatua del genio heroico y laborioso.

II. Correspondencia íntima. Cartas a Laura. El matrimonio.

Generalmente se hace un flaco servicio a los hombres ilustres cuando se publica su correspondencia. En ella aparecen casi siempre egoístas y fríos, calculadores y vanidosos. Se ve al gran hombre de bata, sin la corona de laurel, ni la prosopopeya oficial; y con frecuencia ese hombre es mezquino, a veces malo. Nada de eso ha acaecido con Balzac. Al contrario, su correspondencia lo agiganta. Se ha podido registrar sus cajones y publicarlo todo, sin hacerle bajar una pulgada. Sale realmente más simpático y más grande de esa terrible prueba.

Pero lo que hay que poner por delante de todo es su bondad y su alegría. Era bueno y era alegre, –cualidades bien raras en este terrible oficio de las letras, que tan pronto agria y entristece. Cosa más sorprendente aún: conservó hasta la muerte su risa de niño y la ternura de su corazón, en medio de las preocupaciones más persistentes por que un hombre puede pasar. No era un secreto la serenidad de su alma; pero se ignoraba lo amplio y lo apacible de aquel espíritu. Es una verdadera revelación encontrar en ese gigante, en esa superior inteligencia, un alma tan calurosa, un humor tan igual. Evidentemente tenía una salud moral robusta, un soberbio temple de paz y de amor. Su corazón debió ser tan grande como su cerebro. Para mí, esta cualidad lo domina todo, y hace de él un hombre aparte.

Las primeras cartas, escritas cuando tenía veinte años a su hermana Laura, en la buhardilla de la calle de Lesdiguières, encantan por lo animadas y afectuosas. Ya se siente a ese adorable gramático de los *Contes drôlatiques*, que inventa, palabras, que descubre giros, que rompe a escribir en un estilo de una vida y de una facundia extraordinarias. Escucháis verdaderas carcajadas, humedecidas por una lágrima de ternura. "¡Laura! ¡*cara* Laura! ¡cuánto te quiero! ¿Cómo es que no puede sacarse de la prisión el *Tácito* de papá? Mira que yo fío en ti, que eres fina como un coral, para escamotearlo en beneficio de tu hermano...." Y más adelante: "Señorita Laura, ahueco la voz y me pongo el alzacuello y el bonete de hermano mayor, para reñir a V. ¡Cómo, infame! a propósito de la amable señorita del segundo, me recuerdas la del Jardín de Plantas. ¡Quítese V. de mi presencia! Eso está muy feo, señorita. No me bro-

meo, Laura, hablo en serio. Si se leyese tu carta, por casua-
lidad, me tomarían por un Richelieu que ama a treinta y
seis mujeres a la vez. No tengo estómago tan grande, y,
excepto usted, a quien quiero hasta la idolatría, no profeso
verdadero amor a la vez más que a una sola persona. ¡Esta
Laura! Querría verme hecho un Don Juan; y ¿por qué?
vamos a ver: ¿por qué? ¡Todavía si yo fuese un Adonis!..."
Luego viene la nota soñadora: "¡Veo ahora por experiencia
que la riqueza no constituye la felicidad, y el tiempo que
pase aquí será para mí un manantial de dulces recuerdos!
¡Vivir a mi capricho, trabajar a mi modo y a mi gusto, no
hacer nada si me place, dormirme soñando en el porvenir
que fantaseo, pensar en usted sabiendo que sois felices,
tener por amante la Julia de Rousseau, a La Fontaine y a
Molière por amigos, a Racine por maestro, y por paseo el
Père-Lachaise!.... Te dejo para ir al Père-Lachaise a hacer
estudios de dolores como tú hacías estudios de modelos
anatómicos. He abandonado el Jardín de Plantas, porque
era demasiado triste.... Heme aquí de vuelta del Père-
Lachaise, donde he rumiado magníficas é inspiradoras
reflexiones. Decididamente no hay epitafios tan hermosos
como éstos: *La Fontaine, Massena, Molière*: un solo nombre
que lo dice todo, y hace meditar." Y firma: "El miserias de
tu hermano".

Todo Balzac estaba ya en esas cartas de la juventud, de
que yo no puedo hacer más que entresacar algunas frases.

Se oye su risa poderosa, y posee ya el estilo, que tanto ha buscado más tarde, perturbado por las magnificencias románticas de Víctor Hugo, sin apercibirse de que él mismo traía herramientas de raro poder. Quiero citar otros dos ejemplos de su hermosa alegría. Habla de lord R'hoone, uno de los pseudónimos ingleses que había adoptado para firmar sus primeras novelas. "Querida hermana: me voy a trabajar como el caballo de Enrique IV antes de que fuese de bronce, y este año cuento ganar los veinte mil francos que han de ser el principio de mi fortuna.... Dentro de poco lord R'hoone será el hombre de moda, el autor más fecundo, más simpático, y las damas lo querrán como a las niñas de sus ojos. Entonces el fachendosito de Honorato saldrá en coche con la cabeza alta, la mirada arrogante y el bolsillo repleto; al acercarse, se levantará ese murmullo lisonjero de un público idólatra, y se dirá: "Es el hermano de Mad. Surville." Entonces los hombres, las mujeres, los niños y los renacuajos saltarán de júbilo.... Y tendré infinidad de buenos partidos.... En esa previsión economizo para disponer de qué echar mano en caso de necesidad. Desde ayer he renunciado a las ricas herederas, y me decido por las viudas de treinta años. Expide todas las que encuentres "a lord R'hoone, París." Con eso basta. ¡Es conocido en las afueras! - NOTA. Envíalas francas de porte, sin rotura ni soldadura; que sean ricas, amables; en cuanto a guapas, no hay exigencias.... El barniz se va y el fondo del cacharro queda." Más tarde, en medio de sus luchas, por agobiado que se sintiese, a la menor circunstancia favorable volvía a sus labios la risa de niño. "Tengo buenas noticias que darte, hermanita: las revistas me lamen los pies, y me pagan más las páginas que en Enero. ¡Je, je! –Los lectores pican tan bien en *El médico de aldea*, que Werdet está seguro de vender en una semana la edición en octavo, y en quince días la edición en dozavo. ¡Ja, ja!– En fin, tengo con que hacer frente a los vencimientos gordos de Noviembre y Diciembre, que tanto te preocupan. ¡jo, jo!" ¿No parece oírlo riendo a mandíbula batiente y olvidándolo todo en medio de su sana alegría?

Y notad que era un mérito el que estuviese alegre. Sin hablar de la vida abominable que llevó, siempre estuvo atormentado por sus padres, que no lo comprendían. Su madre, sobre todo, a quien quiso con un amor sin límites, era de un carácter difícil, que le hizo sufrir toda la vida. "Te diré muy en confianza que esa pobre madre tiende a volverse nerviosa, como una abuelita, y quizá algo peor. Ayer la oí quejarse de nuevo; preocuparse del canario; pegarla con Laurencio y Honorato.... Supongo que eso te hará creerte en medio de nosotros mejor que todas las descripciones del mundo. ¡Ay! ¿Cómo es que no se tiene un poco de indulgencia en la vida? ¿Cómo es que se busca en todo las cosas que pueden herir? Nadie quiere vivir en este buen rinconcito, como viviríamos papá, tú y yo.

A cada instante se encuentran en la correspondencia testimonios de los tormentos que le causaba su familia. Citaré algunos ejemplos. He aquí una carta que os oprime, escrita a raíz de su catástrofe financiera, cuando se había refugiado en la calle de Tournon. Su familia residía entonces en Versalles. "Me echan en cara el arreglo de mi cuarto: ¡pero si los muebles que hay en él me pertenecían antes de la catástrofe! ¡No he comprado uno solo! Ese tapiz de percal azul que da tanto que decir, lo tenía en mi cuarto de la imprenta; lo clavamos Latouche y yo encima de un papel horrible que hubo que cambiar. Mis libros son mis útiles; no puedo venderlos.... El porte de una carta o un ómnibus son dispendios que no puedo permitirme, y me abstengo de salir por no gastar frac. ¿Hablo claro?.... No me obliguéis, pues, a hacer más viajes, encargos, ni visitas, que me son imposibles; no olvidéis que no poseo ya más fortuna que el tiempo y el trabajo, y que no tengo con qué hacer frente a los gastos más mínimos.... No pienses mal de mí, querida hermana; si me dijeses tal cosa, perdería la cabeza. Si mi padre estuviese enfermo, me avisarías, ¿verdad? Bien sabes tú que entonces no habría consideración humana que me impidiese ir a su lado.... Gracias, querido campeón, cuya voz generosa defiende mis intenciones. ¿Viviré bastante para pagar también las deudas del corazón?...." Y de continuo vuelve sobre esa idea de que, para él, el tiempo es dinero. "Paso grandes amarguras al verme objeto de perpetuas sospechas. Creo que mi carta debe responder a todo. No obstante, ¡soy bien desgraciado! Para ganar dinero, necesito la tranquilidad del claustro y paz. Cuando yo sea feliz, quizá se me haga justicia; será demasiado tarde, porque yo no seré feliz más que muerto...." No podía profetizar mejor, porque debía llevar durante veinte años esa vida abominable.

Salto por cima de esos veinte años, para no multiplicar demasiado las citas sobre este punto subalterno, y llego al matrimonio de Balzac con la condesa Hanska. Se hallaba él entonces en el fondo de la Rusia Meridional, en Vierzschovnia, preparando esa unión en el más profundo misterio, cuando estuvo a punto de dar al traste con todo una carta de su madre, que había quedado en París. Escribió a su hermana: "Claro está que no has sabido esto, porque tú, que eres tan buena y tan conciliadora, lo hubieses impedido. ¡Escribirme una carta de la cual tenía que desprenderse para todo el que piensa que se trataba de un mal hijo o de una madre exigente y quisquillosa!.... En fin, era la carta de una madre a un chiquillo de quince años que ha cometido alguna falta.... Esa carta tan inoportuna, en que mi pobre madre, no sólo no me dice una palabra cariñosa, sino que termina declarando que subordina su cariño a mi conducta (¡una madre dueña de amar o no a un hijo como yo! ¡setenta y dos años de una parte; cincuenta de otra!), ha llegado en el momento en que yo encarecía los méritos de mi madre, en que hablaba de lo hacendosa que es, de lo mucho que trabaja a su edad, etc., etc. En fin, yo había hecho comprender a la Condesa que era preciso que mi madre tuviese una doncella en Suresnes, que era preciso ocuparse de ella, hacerla feliz, cuando vino ese jarro de agua fría, en forma de carta, dos meses después de un cargo que yo hice a mi madre, y ¡ya sabes tú si era fundado!"

Su matrimonio con la condesa Hanska fue para él, de todas suertes, un asunto magno, que trabajó, a lo que parece, con una táctica extraordinariamente hábil. Tengo la convicción de que él estaba profundamente enamorado; pero me sospecho que hasta en eso vio también una batalla, y dramatizó su enlace, exagerando las pocas dificultades que encontró. En la carta de que acabo de citar un fragmento, hay frases singulares: "Mme. Hanska es aquí rica, amada, considerada; no gasta apenas, y duda ir a un sitio donde no ve más que disturbios, deudas, gastos y caras nuevas; ¡sus hijos tiemblan por ella! Une a esto la *carta digna y fría* de una madre que riñe a su chiquitín (¡cincuenta años!), y comprenderás que ante esas dudas insinuadas en punto a la felicidad y al porvenir, un hombre pundonoroso no tiene más remedio que marcharse, restituir la finca de la calle Fortunée a quien corresponde, volver a coger su pluma, e ir a esconderse en un agujero como el de Passy, a los cuarenta y cinco años, las consideraciones de fortuna pesan con gravedad enorme en los platillos de la suerte." En fin, presenta su matrimonio a la hermana como la fortuna de toda la familia. "Hazte cargo, mi querida Laura, de que ninguno de nosotros ha arribado al puerto, como se dice; que, si en vez de verme obligado a trabajar para vivir, llegase a ser marido de una de las mujeres de más talento, de más alto nacimiento, de mejores relaciones de parentesco y de una fortuna sólida, aunque reducida, a pesar del deseo de esa mujer de encerrarse en su casa, y de no tener ningún género de relaciones, ni aun de familia, yo me; hallaría en una situación mucho más favorable para seros útil a todos.... Vaya, Laura, en París es algo poder uno abrir sus salones cuando quiere y reunir en ellos una sociedad de lo más escogido, que encuentra allí una mujer cortés, imponente como una reina, de un nacimiento ilustre; aliada a las más grandes familias, de talento, instruida y bella; hay en todo eso un gran medio de dominación."

Toda la carta merece leerse. Yo encuentro en ella una novela entera, una de esas novelas profundamente humanas, como sabía desenterrarlas Balzac. Se llamaría: *El matrimonio de un gran hombre con una gran dama*. Ya, varias veces, había soñado Balzac salir de sus apuros pecuniarios mediante un rico matrimonio; de eso hay discretos vestigios en la correspondencia. Creo firmemente, repito, en la nobleza de los sentimientos de Balzac y de Mme.

Hanska. Pero ¡qué triste es oír decir al gran novelista que en su familia nadie había arribado al puerto! Notad que había escrito todas sus obras maestras. Se cree traslucir, además, que la Condesa ponía como condición a su matrimonio no recibir a los parientes de su marido. Durante ese tiempo, la madre de Balzac estaba encargada del cuidado de la casa de la calle Fortunée en París, que él había embellecido, y que consideraba como un cebo para la condesa. Era toda una estrategia de gran general. Al leer, por ejemplo, lo siguiente, ¿no se pensaría en Napoleón la víspera de Austerlitz: "Como yo sigo marchando por buen camino y con la vista puesta en el triunfo, di a mi madre que haga las cortinas de la alcoba y que les ponga los encajes que tiene. Dile también que saque a orear los tapices que hay en un cajón de la cómoda de la Reina." Si se añade que, en medio de esa lucha suprema de su matrimonio, Balzac sufría ya los primeros ataques de la afección al corazón de que debía morir, y de que ha muerto sin gozar de su victoria, se tendrá, vuelvo a decirlo, una de las más hermosas y de las más tristes novelas que ha hecho. Trató el matrimonio como había tratado las deudas, como poderoso utopista, como lidiador que quería usar de ardides con las montañas, y acababa por cogerlas y trasportarlas.

Por otra parte, seguía siendo el más tierno y respetuoso de los hijos. En cuanto se consumó su matrimonio, escribió a su madre: "Mi buena, mi querida y bien amada madre: Gracias a Dios, ayer a las siete de la mañana se celebró mi matrimonio en la iglesia de Santa Bárbara de Berdichef, bendiciéndolo un enviado del obispo de Fitomir.... Ahora somos dos a darte las gracias por lo bien que has cuidado de nuestra casa, como seremos dos a atestiguarte nuestro respetuoso cariño. Espero que gozarás de excelente salud. Te repito que no ahorres gastos de coche para disminuir el trabajo que te damos con nuestras cosas.... Hasta muy pronto. Recibe la expresión de mi respeto y de mi cariño filial.... Tu hijo sumiso...."

III. SIEMPRE LAS DEUDAS.

Abordo ahora lo más grande y heroico que hay en la correspondencia: quiero hablar de la batalla sin descanso que libró Balzac contra las deudas mediante un trabajo encarnizado de todas las horas de su vida. No hay, en verdad, más hermoso espectáculo que el de ese luchador agotándose en esfuerzos sin cesar renacientes, y haciendo una labor como ningún hombre antes de él. Sin duda se conocen productores infatigables que han amontonado acaso más volúmenes que Balzac; pero hay que acordarse de que él erigió su monumento en veinte años, y que sus obras son casi siempre de mármol y de bronce. Construir mucho y construir sólido, he ahí el prodigio.

En la correspondencia se ve en primer término al trabajador. Surge de todas las páginas; llena esas trescientas ochenta y cuatro cartas. Desde la primera palabra hasta la última, Balzac trabaja y produce. Es como una epopeya, un gigante visto en su fragua, sin tomarse una hora de reposo, machacando el hierro sin cesar, emborrachado por sus esfuerzos. Se sabía que el gran novelista era laborioso; pero ese grito continuo del obrero bregando con la fatiga, hace de la correspondencia una colección única, llena de la poesía de la acción. Jamás nos lo hubiéramos figurado tan poderoso. La roca que arrastraba era, a la verdad, para aplastar a cualquier otro que no fuese él.

Voy a tratar de presentarlo en plena batalla, porque no bastan los comentarios; hay que verlo y oírlo. Tomaré sólo algunas palabras de cada carta para mostrar todas las fases del largo combate.

La lucha empieza en la casa de los padres, cuando éstos le niegan la pequeña asignación que debía permitirle escribir a su albedrío. Chapuza malas novelas, y dice a su hermana: "Con mil quinientos francos asegurados podría labrar mi celebridad; pero hace falta tiempo para esos trabajos, y, ante todo, hay que vivir. No tengo, por consecuencia, más que este innoble medio de hacerme independiente. Haz, pues, gemir las prensas, mal autor (¡y nunca fue tan exacto el dicho!)." Y esta otra frase, a un año de distancia: "Ah, si tuviese mi pitanza, pronto haría la jugada, y escribiera libros que viviesen quizá!" Pero la lucha no empieza realmente sino después de la catástrofe financiera. Necesitaba vivir de su solo trabajo, vivir, y pagar deudas muy gravosas. He aquí uno de sus primeros gritos de angustia dirigido a M. Dablin, un amigo a quien tuvo que pedir prestada una suma bastante considerable: "Un hombre que desde hace quince años se levanta de noche todos los días, que nunca tiene bastante tiempo con el día ordinario, y que lucha contra todo, no puede ir a ver a sus amigos, como no va a ver a su amante; así he perdido muchos amigos y muchas amantes, sin lamentarlo. Por eso no me ha visto V. más que cuando se trataba de negocios. Siento que no me haya, respondido a propósito de la fianza., porque cuanto más me muevo, más aumenta el trabajo, y yo no tengo la seguridad de poder resistir a este trabajo sin reposo." Más explícita es aún la carta siguiente, dirigida a la duquesa de Abrantes: "¡Escribir! ¡No puedo! Es demasiado grande la fatiga. V. ignora lo que yo debía en 1828, sobre lo que poseía: no tenía más que la pluma para vivir y para pagar ciento veinte mil francos. Dentro de algunos meses lo habré pagado todo, y habré recibido y tendré arreglado mi pobre menaje; pero aún me quedan que pasar seis meses con todos los sinsabores de la miseria...."

Hay que notar esa esperanza de verse libre en el plazo de seis meses. Toda la vida estuvo Balzac esperando salir de ahogos al cabo de un lapso de tiempo relativamente breve;

y toda la vida estuvieron cayendo sobre él deudas cada vez más abrumadoras. Vamos a verlo así varias veces: siempre vencedor, siempre vencido.

Una de sus mayores crisis parece que fue la del año 1832, cuando se retiró a Turena para huir de sus acreedores y trabajar más tranquilamente. Entonces escribía a su madre, que se ocupaba de sus asuntos en París. En esa serie de cartas aparece dando una embestida formidable. "Necesitaría, por lo menos, seis semanas de tranquilidad perfecta para entregarte los cuatro mil ochocientos francos de las dos obras que voy a hacer.... Va ya para cuatro años que he tenido veinte veces el pensamiento de expatriarme.... Me pides que te escriba por extenso; pero, pobre madre mía, ¿es que aún no sabes cómo vivo? Cuando puedo escribir, hago original; cuando no hago original, pienso en él. No descanso nunca.... ¡Considera que tengo que hacer, que pensar, que escribir trescientas cuartillas de original para *La Batalla!* ¡que tengo que añadir cien cuartillas para las *Conversaciones!*, y que a diez cuartillas por día, suman tres meses, y a veinte, cuarenta y cinco días, y que es *físicamente* imposible escribir más de veinte, y que yo no pido sino cuarenta días, y que en esos cuarenta días tendré las pruebas de Gosselin.... Por mi deseo de que salgamos de apuros, haré lo imposible. Si quiere la suerte que pueda trabajar como los dos últimos días de San Fermín, *os salvaré*...." Todavía llega más al alma quizá la carta siguiente: "¿Qué quieres que te responda sobre el proveedor de forraje? ¡Santo Dios! Yo trabajo noche y día para hacer dinero y pagarle....; pero, como no tengo dinero hasta dentro de cuarenta días, no puedo hacer nada antes de ese plazo; es una respuesta general, porque, a menos de venderlo todo por nada, y de quedarme en cueros como un San Juan, no veo otra manera de hacer dinero.... Esta mañana iba a acometer mi trabajo con coraje, cuando ha venido tu carta a desconcertarme por completo.... Te he dicho con las lágrimas en los ojos y con el corazón oprimido, que era imposible que el original estuviese listo antes del 10 de Agosto, y el 10 de Agosto, ¿tendremos mil ochocientos francos? Mira si puedes arreglarlo todo en París para esa fecha. Si no tengo dinero, ¡bueno! me dejaré demandar y pagaré las costas. ¡Será dinero bien caro!" Y añade en la misma carta: "Me levanto a las seis de la tarde; corrijo los *Chuanes*; luego trabajo para *La Batalla* desde las ocho hasta las cuatro de la mañana, y, durante el día, corrijo lo que he hecho de noche. ¡Esa es mi vida! ¿La conoces tú más ocupada?.... Adiós, mi buena madre. Haz lo imposible; yo lo hago por mi parte. Mi vida es un perpetuo milagro. Te abrazo de todo corazón, y con mucha pena, porque te hago tan desgraciada como a mí."

En otra carta, dirigida a su hermana, encuentro estas líneas tan llenas de emoción: "Sí, tienes razón, mis progresos son reales, y mi ardor infernal será recompensado. Convence de esto también a mi madre, querida hermana;

dile que me dé la limosna de su paciencia; no será perdida su abnegación. ¡Yo espero que un día lo pagará todo un poco de gloria! Di a mi madre que la quiero como cuando era niño. No puedo contener las lágrimas al escribir estas líneas –lágrimas de ternura y de desesperación, porque presiento el porvenir, y ha de hacerme falta esa madre sacrificada en el día del triunfo.... ¿Cuándo lo alcanzaré?.... Algún día, cuando haya desarrollado mis obras, veréis que se han necesitado muchas horas para pensar y escribir tantas cosas; entonces me absolveréis de todo lo que os haya desagradado, y perdonaréis, no el egoísmo del hombre (el hombre no lo tiene), sino el egoísmo del pensador y del trabajador."

Y siempre retorna el estribillo de la emancipación. Hace cuentas, fija cifras, entiende, por ejemplo, que dentro de nada tendrá nueve mil setecientos francos. "Muy pronto, pues, habré dominado la situación...." Pero no tarda en volver a caer bajo los rudos golpes de la realidad. Escribe a una amiga, a Mme. Zulma Carraud: "No tengo todavía un volumen reimpreso de los *Chuanes*; tengo aún que acabar doce o trece hojas del *Médico de aldea*; tengo que dar este mes cien páginas a la *Revista* [*de París*]. ¿No es forzoso que permanezca en París para hacer todo eso? Luego se juntan las cuestiones de dinero, cuyas dificultades crecen, porque las necesidades son fijas, y los ingresos son anómalos como los cometas.... Aseguro a V. que vivo en una atmósfera de pensamientos y de ideas, de planes, de trabajo, de concepciones que se cruzan, hierven y chisporrotean en mi cabeza, capaz de volverme loco...." De una carta dirigida a la misma persona recojo estas líneas: "No duermo más que cinco horas; desde la media noche hasta el mediodía trabajo en mis composiciones, y desde el mediodía hasta las cuatro corrijo pruebas. El 25 tendré impresos cuatro volúmenes. *Eugenia Grandet* ha de asombrarle...."

Nueva esperanza de triunfo. Cree dominadas las deudas. Esta vez llega hasta el extremo de soñar en asegurar una fortunita a su madre: "Ahora que el hecho no está ya tan lejos, puedo hablarte de él. Este año tendrás dos alegrías. El día de mi cumpleaños es cosa segura que no deberé ya a nadie más que a ti, y, durante el resto del año, espero llegar a un resultado más brillante todavía: espero poder formarte un capitalito, empleado de tal suerte, que, por el pronto, tendrás una cosa segura, y más adelante.... ¡ya verás! La riqueza para mí, como sabes, es tu felicidad, es tu satisfacción en las cosas de la vida. ¡Oh, buena madre! Vive para ver mi bello porvenir; si no andas mejor, vente otra vez a París, y consultemos. Si yo fuese en Enero a Viena, trataría de tener bastante dinero para llevarte; un viaje te repondría quizá."

El mismo mes escribía a Mme. Zulma Carraud: "Pero, *cara*, V. me hace un endiablado gran señor a su capricho. Ninguno de mis amigos puede ni quiere comprender que ha crecido mi trabajo, que necesito diez y ocho horas al día, que evito la guardia nacional que me mataría, y que hago lo que los pintores: he inventado consignas que sólo conocen las personas que tienen seriamente que hablarme. ¡Yo gran señor! Heme aquí hundido de nuevo en la clase de los que tienen ingresos despiadados, fijos, y que no pueden permitirse ni lo más mínimo de lo que hacen los beduinos, que viven en sus glorias de su capital. Amén de todo mi trabajo habitual, estoy abrumado de negocios; tengo que desenredar la madeja de las calamidades. Los cincuenta mil francos han sido devorados en un santiamén, y todavía tengo por delante catorce mil francos de deudas, lo cual es de tanta monta como los veinticuatro mil que he pagado, porque lo que me atormenta no es la mayor o menor entidad de la suma, sino la deuda en sí misma. Necesito seis meses más para librar mi pluma como he librado mi bolsillo; y, si sigo debiendo algo, es seguro que los beneficios del año me salvarán. Por lo demás, siempre salgo debiendo, porque esos cincuenta mil francos son un anticipo que me han hecho a cuenta de mi trabajo...." Esa es la verdad, y no la carta precedente a su madre. Ahora se comprenderá con este ejemplo el gran papel que representaba la imaginación en sus luchas.

De todos modos, las crisis se sucedían. En la primera carta dirigida a Mme. Hanska que contiene la correspondencia, se encuentra esta página tan característica: "Juro a

V. que se apodera de mí la más cruel convicción; no espero resistir a tan rudos trabajos. Se habla de las víctimas debidas a la guerra, a las epidemias; pero ¿quién piensa en los campos de batalla de las artes, de las ciencias y de las letras, y en los muertos y moribundos que amontonan los esfuerzos violentos realizados para salir adelante en esas luchas? En este redoble de trabajo a que me entrego, estrechado por la necesidad, nada me sostiene. ¡Trabajo, y más trabajo! ¡Noches ardorosas tras noches ardorosas, días de meditación tras días de meditación, de la ejecución a la concepción, de la concepción a la ejecución! Poco dinero para lo que necesito, inmenso para lo que puedo producir. Si cada uno de mis libros se pagara como los de Walter Scott, saldría de apuros; pero, aunque bien pagado, no salgo de ellos. Habré ganado veinticinco mil francos en Agosto. Por el *Lirio* me dan ocho mil francos, una mitad la librería, y otra la *Revista de París*. El artículo del *Conservador* me lo pagarán en tres mil francos. Habré terminado *Serafita*, empezado las *Memorias de dos recién casados*, y acabado la entrega de *Madame Béchet*. No sé si hubo jamás cerebro, pluma y mano que hayan hecho semejante proeza con una botella de tinta...."

El grito más desgarrador de toda la correspondencia es el que lanza al año siguiente en una carta a Mme. Hanska. "Defraudadas todas mis esperanzas, habiendo renunciado a la fuerza a todo, refugiado aquí en la antigua buhardilla de Julio Sandeau, en Chaillot, el 30 de Septiembre, en el momento en que por segunda vez de mi vida me encontraba arruinado por un desastre imprevisto y completo, y en que a las inquietudes del porvenir se unía el sentimiento de la profunda soledad en que entraba esta vez, pensaba dulcemente que siquiera viviría todo entero en algunos corazones escogidos.... ¡en ese momento ha llegado la carta de V., tan desalentada, tan triste!.... No he abandonado sin sentimiento la calle Cassini; ignoro aún si podré conservar algunas cosas del mobiliario de que no quisiera desprenderme; ignoro si podré conservar la biblioteca. He hecho de antemano el sacrificio de todos los goces y recuerdos menudos, para tener el pequeño placer de saber que son míos todavía; serían poca cosa para apagar la sed de los acreedores, y pueden calmar la mía durante mi marcha por el desierto y por las arenas en que voy a entrar. Dos años de trabajo pueden solventarlo todo, pero es imposible que yo no sucumba en dos años de esta vida.... Para que V. sepa hasta dónde llegan mis bríos, he de decirle que *El Secreto de los Ruggieri* se ha escrito en una sola noche; acuérdese de eso cuando lo lea. *La solterona* se ha escrito en tres noches. *La Puerta rota*, que termina, en fin, el *Hijo maldito*, se ha hecho en algunas horas de angustias morales y físicas. ¡Es mi Brienne, mi Champaubert, mi Montmirail; es mi campaña de Francia! Pero lo mismo ha pasado con *La Misa del ateo* y con *Facino Cane*; he escrito en Saché, en tres días, las cincuenta primeras hojas de las *Ilusiones perdidas*.... Lo que me mata son las correcciones.... Hay que violentarse, porque el comprador no tiene en cuenta nada; hay que violentarse en medio de los protestos, de los sinsabores de negocios, de los apuros más crueles de dinero, y en la soledad más completa y más desnuda de todo consuelo."

Debo limitarme y contentarme con entresacar algunas líneas de cada carta, las suficientes para hacer ver que la lucha durará hasta la muerte. Es una serie continua de sacudidas. "He concluido con M. Lecou un trato, que me permitirá pagar a Hubert y atender a las necesidades más urgentes; y cuando pongamos a la venta *La Mujer superior*, destinaré una parte del producto a pagar las cosas de Gougès. Mi madre tendrá lo que necesita el 10 de Diciembre lo más tarde. Pero no conseguiré ese resultado sin meterme en un trabajo horrible; quiero que el 10 de Diciembre esté concluido *César Birrotteau* (adquirido en veinte mil francos por un periódico); hay que pasar veinticinco noches, y he empezado esta mañana. Hay que hacer de treinta y cinco a treinta y seis pliegos –volumen y medio– en veinticinco días...." (Carta a su hermana.)

"Tranquilízate, queridísima Laura: es probable que esta semana pueda reunir los dos mil francos que me son indispensables. En ese caso, procuraré devolverte todo lo que te debo; mi pobre madre lo pagará; pero en cuanto a ella, sé que bien pronto podré curar sus heridas. Hoy es menester salir del aprieto." (Carta a su hermana.) "Por el momento es absolutamente imposible lo que me pide V., pero nada será más fácil dentro de dos o tres meses; a V., mi hermana de espíritu, puedo confiarle mis últimos secretos: sepa, pues, que estoy en el fondo de una miseria espantosa. Todos los muros de las Jardies se han hundido por culpa del arquitecto que no echó cimientos; y eso, aunque cosa de él, recae sobre mí, porque está sin un franco, y yo no le he dado todavía más que ocho mil a cuenta. No me crea imprudente, *cara*; yo debería ser bien rico a estas horas; he hecho milagros de trabajo, pero todos mis trabajos intelectuales se han hundido con mis paredes." (Carta a Mme. Zulma Carraud.) "Han vuelto las penas, penas íntimas, profundas, y que no pueden decirse.... En cuanto a la cosa material, ¡diez y seis volúmenes escritos y veinte actos hechos en este año no han bastado! Ciento cincuenta mil francos ganados no me han dado la tranquilidad...." (Carta a Mme. Zulma Carraud.) "El dinero necesario para mi vida tengo que disputárselo en cierto modo al que exigen los créditos, y lo obtengo bien penosamente.... No me hago ilusiones: si hasta aquí, trabajando como trabajo, no he conseguido pagar mis deudas ni vivir, no me salvará el trabajo futuro; hay que hacer otra cosa, hay que buscar una posición...." (Carta a su madre.) "Este mes me hacen falta veinticinco mil francos, y es preciso que liquide con las tres librerías de *La Comedia humana*, que me deben de quince a diez y seis mil francos. Es más que probable que, si todo lo que tengo en cartera lo hubiese empleado en el pago de mis deudas, no debería yo nada a nadie en el mundo hacia el próximo Octubre...." (Carta a Mme. Hanska.) "¡Han venido sobre mí los acontecimientos más afrentosos, más increíbles! Heme aquí sin ningún dinero, perseguido por gentes que me servían; apenas tengo tiempo para atender a lo más apremiante...." (Carta a su hermana.) "Estas cuatro obras (los *Aldeanos*, los *Burguesillos*, el *Primo Pons*, la *Prima Bette*) me pagarán todas las deudas, y la *Educación del príncipe* y la *Última encarnación de Vautrin* me darán este invierno el primer dinero realmente mío, y que será el principio de mi fortuna." (Carta a Mme. Hanska.)

Yo no podría encontrar en toda la correspondencia cuatro líneas más tristes y más típicas. Todo Balzac está en esa suprema esperanza. Tiene cuarenta y ocho años, ha producido ya todas sus obras maestras, y todavía sueña ganar un dinero que sea propiamente suyo para empezar su fortuna. ¿No es el grito de ese eterno soñador, de ese deudor acosado durante veinte años, que se revolvía furiosamente en la red de sus deudas, pensando siempre ganar millones de la noche a la mañana? Por supuesto, notad que ese día se engañaba como los otros. Las quejas renacen, los créditos lo agobian más que nunca. No cesan ni al retirarse al lado de la condesa Hanska, en Vierzschovnia, durante los años

1849 y 1850. En vísperas de su matrimonio, lo atormenta la liquidación; se preocupa, y habla de refugiarse en una buhardilla si no se llevase a efecto la unión proyectada. Su hermana llegó a pasar estrecheces a su vez, y él le escribe el 9 de Febrero de 1849: "Tú sabes los medios de que me valía para vivir económicamente; no guisaba más que dos veces a la semana, el lunes y el jueves, y comía carne fría en ensalada. Contentándome con lo estrictamente necesario en Passy, podía reducir todos mis gastos a un franco por cabeza. Volvería a hacer lo mismo sin titubear". Ese pormenor, ¿no proyecta una luz deplorable sobre la vida del gran novelista? Si el matrimonio no lo hubiese sacado al fin de sus apuros de dinero, hubiese muerto en un zaquizamí; y no alcanzó esa dicha tan ardientemente anhelada sino a la hora de la muerte. Con todo su genio, no pudo vivir; fue preciso que acudiese en su ayuda una mujer para que se durmiese solvente en la tumba.

IV. El teatro. La Academia.

Al leer la correspondencia, he tenido la curiosidad de señalar todo lo que se refería al teatro. Me ha parecido interesante entresacar de ese montón enorme de documentos las diversas maneras que ha tenido Balzac de mirar el arte dramático. El teatro lo preocupó toda la vida, y no cabe duda de que habría dirigido a él su poderosa actividad, si la falta de tiempo y la necesidad de hacer dinero con la novela no le hubiesen obligado a aplazar siempre para más tarde tentativas serias.

Como he dicho, su primer trabajo literario fue una tragedia sobre Cromwell. A los veintiún años, reconocía por maestro a Racine. Corneille, a quien llamaba *su general*, parecía interesarlo menos. Sin embargo, se lamentaba mucho de no tener bastante dinero para tomar un billete el día en que debía representarse *Cinna*. Lo más notable de todo es su desdén por los asuntos modernos. La víspera de la representación de *María Estuardo*, de Pierre Lebrun, escribió a su hermana: "El asunto de esta tragedia se halla a bastante distancia para poder ser puesto en escena; esperamos que el autor luchará con éxito contra las dificultades de los asuntos modernos, que nunca se prestan tan favorablemente como los antiguos a la poesía. ¡Agrega a eso la dificultad de hacer interesante a un personaje moderno! Todos nuestros hombres de Estado son lo mismo; los crímenes diplomáticos se prestan poco para el teatro...." ¿No son extrañas estas líneas en la pluma del escritor que ha creado la novela moderna, y que debía poner de manifiesto toda la extensión del drama contemporáneo? Aparte de esto, se advierte ya en esa carta un cariño secreto por el drama. Es quizá el primer tanteo de donde ha surgido Balzac.

No vuelve a tocarse en sus cartas la cuestión del teatro hasta quince años después. Lo ahogaban las deudas, y pensaba hacerse autor dramático para pagar: una obra dramática produce siempre más que una novela; pero en el teatro hay que empezar por perder un tiempo considerable hasta lograr la representación y el éxito de la primera obra, y Balzac no podía permitirse esa pérdida.

Llegó a buscar testaferros para dar a la escena bajo su responsabilidad obras hechas a la diabla, que no lo comprometiesen. Se ve, pues, con toda claridad que en esa época el teatro no era para él sino una manera de ganar el mayor dinero posible a cualquier precio.

Llegamos al mes de Marzo de 1840, a la víspera de la representación de *Vautrin*. Hay algunas cartas muy curiosas, entre otras, ésta, dirigida a M. Dablin: "Si en su círculo de relaciones hay personas que deseen asistir a la primera representación de *Vautrin*, y que sean benévolas, yo tengo el derecho de hacer que adquieran palcos mis amigos antes que los desconocidos. Me interesa que haya mujeres elegantes". Nada más encantador ni más candoroso que esta última frase. En ella se revela el Balzac mundano, un hombre de mundo singular, que soñaba la sociedad como un olimpo que lo deslumbraba. a sus ojos, las duquesas y las marquesas son diosas. Su espíritu quimérico le hacía ver la sala donde se iba a representar Vautrin, llena de hombros desnudos y de diamantes, y para él –era cosa seria– eso debía decidir del éxito. Sin embargo, estaba lleno de terror, porque escribía a León Gozlan: "Verá V. una caída memorable. Me parece que he hecho mal en llamar al público". Se sabe que al segundo día se prohibió la representación de *Vautrin*, por haber tenido Federico Lemaître la extraña ocurrencia de haberse caracterizado remedando la cabeza de Luis Felipe para representar su papel de bribón sublime. Eso dio motivo también a uno de los rasgos más nobles de la vida de Balzac. Le ofrecieron una indemnización que rehusó. Una carta a Mme. de V..... hace precisamente alusión a ese hecho. "Querida amiga: Acababa de escribir a V. esta mañana, cuando vino por segunda vez el director de bellas artes. Me ha ofrecido *al momento* una indemnización que no llegaba a la cantidad de V… He rehusado. Le he dicho que o tenía derecho o no, y que, si lo tenía, era preciso que quedasen cubiertas siquiera mis obligaciones hacia terceros; que yo no había pedido nunca nada; que tenía en mucho esta noble virginidad; y que lo que yo quería era, o nada para mí, o todo para los demás...."

Pero la aventura más curiosa de Balzac en el teatro fue la representación de los *Recursos de Quinola*. Sabido es que tomó la sala entera, y se hizo corredor para vender las localidades a un precio exagerado. Sobre esto hay dos cartas muy curiosas dirigidas a Mlle. Sofía Koslovski. Se le ve completamente entusiasmado con la idea del negocio. "Entre nosotros, los asientos de principal cerrado valen treinta francos cada uno; los de principal abierto, veinticinco francos,, y yo a V. quiero verla con los elegantes en principales abiertos. Los asientos de segundo no valen más que veinte francos.... ¡Vamos, Sofía, manos a la obra!¡Esto se anima! ¡La cosa está que arde!" Esos precios son enormes para nuestros teatros. Al día siguiente envía una carta más explícita aún. Quiere sobre todo la colonia rusa, y habla más que nunca de poner a la vista a las mujeres elegantes. "Diga V. a todas sus rusas que necesito los nombres y direcciones, con su *recomendación escrita y personal*, de aquellos de sus amigos que quieran butacas. Vienen a mí cincuenta al día bajo falsos nombres, y que se niegan a decir su dirección: son *enemigos que quieren echar abajo la obra*. Tenemos que tomar las más severas precauciones.... Dentro de cinco días no sabré ya qué hacer. Estoy embriagado con mi obra...." Todas esas cuentas galanas debían acabar fatalmente en una caída completa. El teatro, tomado por Balzac, estaba vacío a la segunda representación.

La mejor obra dramática de Balzac es sin duda *Mercadet*, que hoy figura en el repertorio de la Comedia Francesa; esta obra, que tuvo primero por título el *Faiseur*, fue menester aligerarla para ponerla en escena. Una carta dirigida a M. Laurent Jan, uno de los amigos fieles de Balzac, y fechada en Vierzschovnia el 9 de Febrero de 1849, habla de la extraña idea del director de un teatro del *boulevard*, que quería transformar el *Faiseur* en un tremendo melodrama.

Naturalmente, el autor se opuso a esa extravagancia. En la carta encuentro esta frase: "Dentro de poco tendrás *El rey de los mendigos*, obra de circunstancias, lisonjera para la majestad popular. ¡Un aparato escénico soberbio!" Así, pues, Balzac se preocupaba del teatro más que nunca en vísperas de su muerte. Una carta del 10 de Diciembre de 1849, dirigida asimismo a M. Laurent Jan, vuelve sobre sus proyectos de escribir para el teatro. "Una enfermedad del corazón, larga, cruel y de muy varias vicisitudes, que me ha atacado desde el último invierno, me ha impedido escribir salvo sobre mis inextricables negocios y para cumplir los estrictos deberes de familia... Así, hacia los primeros días del próximo Febrero estaré en París con el firme y necesario propósito de trabajar como miembro de la Sociedad de autores dramáticos, porque en mis largos días de enfermedad he descubierto más de una pequeña California teatral que explotar...." Este documento me confirma en la idea de que, si la muerte no hubiese arrebatado a Balzac, hubiésemos contado un gran autor dramático más, sin género de duda. Al fin estaba libre de deudas, é iba a poder consagrar al teatro todo su tiempo; mucho hacía que, aguijado por la pasión de las tablas, no esperaba más que esa hora. Para mí su éxito era seguro. Cuando uno estudia sus novelas, lo ve elevarse sin cesar, ir de lo peor a lo excelente con la lentitud y la fuerza de un hombre cuya sólida inteligencia necesita estimularse. Lo mismo se observa en su teatro: la última obra, *Mercadet*, es la mejor con mucho. Habríase desenvuelto según la ley que indico –eso no ofrece duda–, y habría llegado a la obra maestra. Aunque pueda parecer paradójico, Balzac ha muerto cuando empezaba a ver claro en sí mismo, cuando al fin iba a escribir sus obras más hermosas.

Hay otro punto que he estudiado muy de cerca en la correspondencia: quiero hablar de la actitud de la Academia Francesa respecto de Balzac. Sabíase que se había presentado dos veces, y que las dos veces lo habían dejado a la puerta.

Pensó presentarse por primera vez a la edad de cuarenta y seis años. Debo citar la breve carta siguiente, dirigida a Carlos Nodier, y que explica por qué lo rechazó la Academia: "Hoy sé con harta seguridad que una de las razones que se aducen contra mí en la Academia es mi situación de fortuna, para no rogarle con profundo dolor que disponga de su influencia en vez de emplearla en favor mío.... Si no puedo llegar a la Academia a causa de la más honrosa de las pobrezas, jamás me presentaré en los días en que la prosperidad me conceda sus favores. En este sentido escribo a nuestro amigo Víctor Hugo, que se interesa por mí." Esta carta tan digna, revela la importancia que concedía Balzac al título de académico. Aún no se había puesto en ridículo a la Academia, y los escritores más revolucionarios miraban como un honor entrar en ella. a pesar de su juramento de no correr los riesgos de un nuevo fracaso, Balzac presentó por segunda vez su candidatura.

Al año siguiente, el 3 de Abril de 1845, escribió a Mme. Hanska: "Otro académico más, muerto, Soumet; hay cinco o seis que se inclinan hacia la tumba; la fuerza de las cosas me hará quizá académico, a pesar de las burlas y de las repugnancias de V." Efectivamente, madame Hanska parece haber hecho siempre por disuadirlo de presentarse, porque Balzac insiste sobre el particular varias veces. Sin duda, como extranjera, ignoraba la enorme fuerza que tenía, y tiene aún en Francia, el título de académico. En nuestro país, que pide patentes al talento para reconocerlo, los burgueses no se inclinan más que ante el escritor que lleva la estampilla del Instituto. Los libros de ese escritor circulan en mucho mayor número de ejemplares; su persona viene a ser como sagrada. Es evidente que Balzac tenía el deseo de ingresar en la Academia, y hasta hay en la frase que he citado como un vago deseo de que la muerte dejase vacantes los sillones, y le abriese a él las puertas de par en par.

Cuando se presentó la segunda vez, en Febrero de 1849, estaba en Vierzschovnia, enfermo y preocupado por la magna cuestión de su matrimonio. Ese alejamiento lo dispensó siquiera de la tarea enojosa de las visitas. Hubo de contentarse con escribir a los académicos. Pero seguramente su cuñado, M. Surville, dio pasos en París, según resulta de una carta de Balzac, fechada el 9 de Febrero de

1849. Escribía a su cuñado: "Has hecho bien en ir a ver por tu cuenta a Víctor Hugo; mas, por la mía, era inútil, y hubiese sido peligroso, si yo no tuviera la intención de no volver a presentar mi candidatura para la Academia. Él ha adivinado perfectamente que yo quería *poner en evidencia a la Academia*." El pasaje es un poco enigmático, pero se comprende que Balzac afectaba presentarse únicamente para sufrir un fracaso, y demostrar así la mala voluntad de la Academia. ¿Es esto cierto? ¿No tenía alguna secreta esperanza de ser elegido?

He aquí, por otra parte, algunas líneas de una carta a M. Laurent Jan, que habla del desenlace de la aventura. "La Academia ha preferido a M. de Noailles. Es, sin duda, mejor escritor que yo; pero yo soy más hidalgo que él, porque me he retirado ante la candidatura de Víctor Hugo. Y luego, M. de Noailles es un hombre arreglado, mientras que yo ¡mil pestes! tengo deudas." No cabía vengarse con más donaire.

Estos documentos prueban bien a las claras que Balzac deseó vivamente ser académico. La Academia no puede, pues, alegar su eterna razón, el famoso reglamento que le manda esperar que se dirijan a ella aun los más ilustres. Balzac se ha dirigido a ella, y lo ha rechazado bajo el más vil de los pretextos. Suya es toda la responsabilidad de esa injusticia, de ese crimen de lesa literatura. Basta para juzgar esa institución caduca, que se obstina en vivir en los nuevos tiempos. Desde hace mucho ha perdido toda acción sobre las bellas letras. Ni siquiera puede acabar el Diccionario, que antes que ella concluyó M. Littré. Se contenta con distribuir premios de literatura, a la manera que se reparten estampas de santos en los conventos a los más juiciosos y religiosos. La gran corriente moderna, que un día ha de arrebatarla fatalmente, pasa sin preocuparse de lo que ella hace ni de lo que ella piensa. Y años hay en que pudiera creerse que no existe; tan muerta parece. Sin embargo, la vana gloria impulsa aún a nuestros escritores a adornarse con ese título, como se adorna con una cinta. No es ya más que una vanidad.

V. Los colegas. Balzac político.

La publicación de la correspondencia habrá defraudado la curiosidad de los que se prometían indiscreciones literarias. Las cartas más interesantes son las que Balzac dirigía a su familia y a sus amigos. Ocupan una mitad cumplida del volumen; abundan, sobre todo, las cartas a su hermana y a su madre; luego hay que citar las dirigidas a Mme. Hanska, que son verdaderas memorias escritas al día, y las dirigidas a Mme. Zulma Carraud, esa vieja amiga del novelista, a quien se lo contaba todo. De igual suerte lo que llena la correspondencia es la personalidad de Balzac. Se cuida muy poco de los demás; sólo por acaso, y en algunas líneas, formula juicios sobre los personajes y acontecimientos de su época. Siempre está en escena; siempre habla de sí, de su trabajo, de sus proyectos, de sus deudas, de sus sentimientos. Se constituye en centro de cuanto lo rodea. Aquello es la idea fija de un hombre cuya individualidad se halla en perpetuo alumbramiento. De ahí la originalidad profunda de la colección.

Veamos las relaciones de Balzac con sus colegas. Esta parte de la correspondencia, lo repito, es una verdadera decepción. Apenas contiene más que cartas insignificantes. Encuentro tres muy breves a Víctor Hugo: la primera en un tono ceremonioso; las otras dos atestiguando mayor intimidad; por otro lado, se trata simplemente de citaciones para sesiones de la Sociedad de los literatos. Hay también cinco renglones a Lamartine, ofreciéndole un palco para la primera representación de *Vautrin*; unas cuantas líneas igualmente a Champfleury, dándole las gracias por la dedicatoria de un libro.; algunas líneas sobre Carlos Nodier, que he citado a propósito de la Academia; una carta a Gautier, la última del volumen, dictada a Mme. De Balzac, y en que el novelista moribundo sólo ha escrito de su puño estas palabras: "¡No puedo leer ni escribir!" Todo eso es de un interés tan pobre, que se hubiera podido prescindir de ello. Citaré aún algunas cartas a Méry dándole el encargo de tomar asientos en las diligencias de Marsella, y cartas a M.

Emilio de Girardin, con quien se disgustó y se reconcilió, como con sus editores, a cuento de una publicación. Conviene saber, sin embargo, que, en la correspondencia, Balzac muestra una gran indiferencia más bien que malos sentimientos respecto de sus colegas. Y era meritorio en él, porque hay que acordarse de la manera cómo se le atacaba y arrastraba por el lodo. En medio de las injusticias que sufría, no se sorprende un solo desquite apasionado de su parte. Las más de las veces no nombra a nadie; no tiene más que desdén. Cuando por acaso hace una crítica, esa crítica es justa y moderada siempre. Apenas se le conoce, por sus cartas, más que un amigo y un discípulo. Escribe con bastante frecuencia a Carlos de Bernard, un novelista de talento, que lo copiaba atenuándolo y poniéndolo al alcance del vulgo. Las últimas cartas a este escritor demuestran que entre Balzac y él se había establecido una gran intimidad.

Encuentro en una carta, escrita el 21 de Diciembre de 1845 a Mme. Hanska, el siguiente pasaje sobre *Los Tres Mosqueteros*, de Alejandro Dumas: "Comprendo, querida condesa, que le hayan chocado a V. *Los Mosqueteros*, siendo tan instruida, y sobre todo, conociendo a fondo la historia de Francia, no sólo en su parte oficial, sino hasta en los menores detalles íntimos de las camarillas del Rey y de la Reina. Enoja de veras haber leído una cosa así; no se saca más que el disgusto de haber malgastado de tal manera el tiempo (esa tela preciosa de que está hecha nuestra vida).

No se llega lo mismo a la última página de una novela de Walter Scott, ni se abandona sino con sentimiento; por lo mismo se vuelve a leer a Walter Scott, y yo no creo que se vuelva a leer a Dumas. Es un cuentista delicioso; pero debería renunciar a la historia, o, si no, tratar de estudiarla y de conocerla un poco mejor." He ahí, en suma, una absoluta verdad, y no hay que ver en lo dicho sino la opinión sincera de un hombre que siente heridas sus convicciones literarias por una lectura. Ideas parecidas expresa en otro pasaje en que habla de *Los Misterios de París*, de Eugenio Sue. Se comprende que el autor de *La Comedia humana* mirase con sumo desdén esas largas novelas, donde la falsedad compite con el mal estilo. Lo que no entiendo tanto es la profunda admiración de Balzac por Walter Scott. Varias veces atestigua un entusiasmo extraordinario. Citaré este ditirambo, por ejemplo: "Hace doce años que digo de Walter Scott lo que V. me escribe; a su lado lord Byron no es nada o casi nada. Todas las obras de Walter Scott tienen un mérito particular, sobre que en todas campea el genio. Tiene V. razón, Scott seguirá creciendo, cuando Byron estará ya olvidado." (Carta a Mme. Hanska.) Es un juicio deplorable, porque sucede precisamente lo contrario: Byron sigue despidiendo un vivo resplandor, mientras que a Walter Scott apenas lo leen ya más que los colegiales. Hablo de Francia. Es curiosísimo ver al fundador de la novela naturalista, al autor de la *Prima Bette* y del *Abuelo*

Goriot, apasionarse así por el escritor burgués que ha tratado la historia como novela. Walter Scott no es más que un combinador hábil.

Pero la carta que hace más honor a Balzac, desde el punto de vista de la confraternidad literaria, es la que escribió a Stendhal, después de haber leído *La Cartuja de Parma.* En ella se ve que, si era severo para las obras mediocres, sabía inclinarse, siendo tan grande, ante las obras bellas. Habría que reproducir íntegra esa carta, de que tomo las líneas siguientes: "No se debe dilatar dar una satisfacción a los que nos han proporcionado un placer. *La Cartuja* es un gran y hermoso libro; se lo digo a V. sin lisonja y sin envidia, porque yo sería incapaz de hacerlo, y se puede alabar francamente lo que no sale de nuestro taller. Yo hago un fresco, y V. ha hecho estatuas italianas. Hay *progreso* sobre todo lo que le debemos. V. sabe lo que le he dicho sobre *Rojo y Negro.* Pues bien: aquí todo es original y nuevo.... Mi elogio es absoluto, sincero. Me complazco tanto más en escribirle lo que va en esta página, cuanto que otros muchos, tenidos por talentos, han llegado a un estado completo de senilidad literaria.... Yo no he escrito, durante mi vida, muchas cartas de elogios; así que puede V. creer lo que tengo el gusto de decirle.... Ha explicado V. el alma de Italia". Sopla en esta página un viento agradable de respirar, porque aquí Balzac aparece por cima de todos los celos mezquinos del oficio. Creo interesante unir a esta carta, otra, escrita después de la muerte de Stendhal, a M. Colomb, ejecutor testamentario de este último, que deseaba reproducir al fin de *La Cartuja de Parma* el artículo que Balzac había publicado sobre esta novela en la *Revista Parisiense*. Interesa, sobre todo, este pasaje: "Stendhal es uno de los espíritus más notables de este tiempo; pero no ha cuidado bastante la *forma*; escribía como cantan los pájaros, y nuestra lengua es una Doña Honesta que no se casa más que con lo intachable, cincelado, limado.... Siento mucho que lo haya sorprendido la muerte; íbamos a meter la podadera en *La Cartuja de Parma*, y una segunda edición la habría convertido en una obra completa, intachable. Siempre es un libro maravilloso el libro de los espíritus distinguidos...." Esta preocupación de la forma es característica en Balzac. Ya he dicho que el estilo debió ser el eterno tormento de su vida. La brillantez del grupo romántico lo desesperaba. De ahí sus esfuerzos, su labor prodigiosa en ciertas novelas. Y lo malo es que cuanto más buscaba el color, tanto peor escribía. Así se explican las frases alambicadas, los giros extraordinarios, la hinchazón que se le censura. *El Lirio del Valle* es, sin duda, la obra donde más visible está su esfuerzo hacia el bello estilo; el principio, sobre todo, es intolerable: quería luchar con Víctor Hugo. Notad que Balzac tenía un estilo soberbio y personal cuando se decidía a escribir tranquila y poderosamente. Era, sobre todo, un gramático fuera de línea. Los *Contes drôlatiques* son obras maestras deforma, joyas cinceladas por un gran artista.

He hablado de los ataques furibundos en medio de los cuales escribió Balzac sus novelas. Ningún escritor ha sido más discutido y escarnecido que él. Desde luego espantaba el innovador. Además, vivía apartado; no se apoyaba en la poderosa cofradía del mundo literario. En fin, en las *Ilusiones perdidas* hizo una pintura de los periodistas que jamás le perdonaron éstos. Ha crecido así entre rechiflas, sin un verdadero apoyo. Cuando se leen los artículos del tiempo sobre sus libros, se queda uno atónito de tanta imbecilidad y mala fe. Hay para creer que la crítica es una furia encarnizada contra todos los creadores. El día que se impuso, como ya no era posible negar su mérito, y su elevada talla saltaba a la vista, se lanzó contra él el estúpido cargo de inmoralidad, que es la última injuria de los críticos aturdidos. En la correspondencia se ven señales de este largo martirio de Balzac. Durante mucho tiempo suspira por la gloria. Ha producido ya varias de sus obras maestras, cuando aún se considera desconocido, y habla de sí como de un principiante que no está todavía seguro de su mano. "Puede ser" es su gran expresión. Tiene la conciencia de que debe trabajar mucho si quiere elevarse al rango de los maestros, y espera largo tiempo su primer éxito. Con todo, escribió desde Aix a su madre el 27 de Agosto de 1832 –tenía entonces treinta y cuatro años: –"Mi querida madre:

He de consolarte, como me consuelo a mí mismo, con sueños.... Un joven ha andado cuatro leguas por verme, al saber que estaba en la Poudrerie, y las gentes del Círculo constitucional han dicho que, si quisiese ser diputado, me nombrarían, a pesar de mis opiniones aristocráticas.... ¿Será verdad? ¿Se habrán burlado de mí? No sé, pero eso aumenta mi esperanza; ya todo se reduce a hacer algunos esfuerzos más, a no desalentarse." El desaliento es raro en él; sin embargo, la correspondencia lo presenta a veces abatido. Poco a poco comprende su mérito, y no anda ya anhelante por la gloria, porque la ve brillar a su alrededor. Entonces es cuando descubre todo su menosprecio por sus adversarios. Escribe, por ejemplo, a Mme. Hanska: "Soy, como V. sabe, tan indiferente a la censura como al elogio de las gentes que no son los elegidos de mi corazón, y sobretodo a la opinión del periodismo, y, en general, de lo que se llama el *público*....–"

Pero su carta más explícita sobre este punto es la escrita a Mme. Hanska el 3 de Febrero de 1844. En esa dice todo su pensamiento. "Por favor, no se tome V. penas por las Revistas; sería hasta deplorable que pasase otra cosa. En Francia está perdido uno desde el instante en que se hace un nombre, y lo coronan en vida. Injurias, calumnias, negaciones, todo eso hace mi negocio. Algún día se sabrá que, si he vivido de mi pluma, jamás entraron dos céntimos en mi bolsillo que no fuesen dura y laboriosamente ganados; que el elogio o la censura me han sido sumamente indiferentes; que he construido mi obra en medio de los gritos de odio y de las descargas literarias, y que trabajaba con mano firme e imperturbable. Mi venganza es escribir en los *Debates* los *Burguesillos*, para que mis enemigos digan con rabia: "Cuando se puede creer que ha vaciado el saco, lanza una obra maestra". Es la frase de Mme. Reybaud al leer *Honorina* y *David Séchard*.... En este medio siglo habrá habido cuatro hombres de una influencia inmensa: Napoleón, Cuvier, O'Connell; yo quisiera ser el cuarto. El primero ha vivido de la sangre de Europa; se ha inoculado de los ejércitos. El segundo se ha casado con el globo; el tercero se ha encarnado en el pueblo; yo habré llevado una sociedad entera en mi cabeza. Vivir así es como decir todas las noches: "¡Espadas! ¡Triunfo! ¡Oros!...." El día en que escribió esto, Balzac tuvo la presciencia del lugar que ocuparía en nuestra literatura. En efecto: ha llevado toda una sociedad en la cabeza, y además ha creado la novela moderna; es el primero que ha desentrañado de nuestra sociedad la belleza relativa, que no es otra cosa que la vida.

Y oíd este grito de júbilo del novelista que ha encontrado al fin admiradores. Su país no lo comprende; es menester que el éxito venga antes del extranjero. Escribe a su hermana: "Voy ayer a casa del barón Gérard; me presenta tres familias alemanas. ¡Creo soñar! ¡Tres familias.... nada menos! Una de Viena, otra de Francfort, y la tercera prusiana, de no sé dónde.... Me aseguraban que vienen puntualmente a casa de Gérard hace un mes con la esperanza de verme allí, y sé por ellas que mi reputación principia a salir de la frontera de Francia. (¡Querido país ingrato!) "Persevere V. en sus trabajos"–añaden–, y no tardará V. en estar a "la cabeza de la Europa literaria." ¡De Europa, hermana mía! ¡Así lo han dicho! ¡Aduladoras familias!.... ¡Haría reventar de risa a ciertos amigos si les contase esto!.... A fe que, como eran buenos alemanes, yo he llegado a creer que pensaban lo que decían, y, si he de ser franco, me habría estado escuchándolos toda la noche. La alabanza nos sabe tan bien a los artistas, que la de esos excelentes alemanes me ha dado alientos; he salido hecho unas pascuas de casa de Gérard...." No conozco episodio más encantador que el de esas tres familias extranjeras que traen palabras de bondad a un gran escritor maltratado en su país. El tono de Balzac quiere ser jovial; pero se adivina su profunda emoción bajo la broma aparente de las frases. Se sintió vivamente afectado. Y se le ve marcharse ligero, estimándose ya a la cabeza de la Europa literaria, taconeando triunfalmente. Aquel día debió hacer buena tarea. ¿No es profundamente triste que los más nobles hijos de esta Francia tan inteligente estén condenados casi en su totalidad a recibir su primera corona de los pueblos vecinos?

He de decir algunas palabras del hombre político, ya que lo quiso ser.

En una carta escrita a Mme. Carraud, fechada en Aix el 23 de Setiembre de 1832, habla muy seriamente de sus opiniones: "La quiero a V., porque me dice todo lo que piensa. Sin embargo, yo no podría asentir a sus observaciones sobre mi carácter político. Se han formado mis opiniones y ha llegado mi convicción a la edad en que una persona puede juzgar de su país, de sus leyes y costumbres.... Creo verlo todo y combinarlo todo para un poder político próspero.... Yo quiero el poder fuerte...." Se ve que toma un tono solemne para dar peso a sus convicciones. Le hace a uno sonreír un poco. Temperamentos como el suyo no son realmente buenos más que en el arte, donde sus desbordamientos hacen prodigios. Por eso tengo el convencimiento de que le hicieron un favor no tomándolo en serio. Se presentó candidato a la diputación, y fracasó. Una de las frases más adorables de la correspondencia es seguramente la que sigue. La tomo de una carta a su editor, M. Mame, fechada el 30 de Setiembre de 1832: "Mi elección es cosa decidida entre las eminencias del partido realista, en caso de elecciones generales". ¡Ah, pobre gran hombre!¡Qué soberana candidez y qué tranquila confianza! Eso se lo deslizaría al oído alguna Duquesa como una lisonja, y no se necesitó más para poner en actividad su imaginación, y para que viese a todas las eminencias del partido realista ocupándose de él. La verdad es que las eminencias del partido realista no se han enterado todavía de su genio, y que su nombre, pronunciado en un salón aristocrático, parece casi una inconveniencia. Regocijémonos egoístamente de que ni el partido realista ni ningún otro hayan pensado nunca seriamente en hacer de Balzac un diputado, porque de seguro habríamos perdido la mitad de sus obras maestras.

Por supuesto, él no había renunciado en manera alguna a la esperanza de representar un papel político importante. Mientras preparaba su matrimonio en Rusia, meditaba utilizar su nueva situación, al regresar a Francia, para dominar al fin a su época. Se veía casado con una mujer de nobleza y de fortuna; soñaba abrir un salón, rodearse de toda la sociedad elegante rusa, tomar puesto en las filas de la aristocracia, y hacer camino de ese modo hasta una alta posición.

Fue a Cerdeña en 1838 para cerciorarse de que las escorias de las minas explotadas por los romanos contenían todavía metal; ingenieros italianos le robaron la idea. Las cartas que hablan de esto son muy pintorescas, y ofrecen un vivo interés anecdótico. En otra ocasión concibió el peregrino proyecto de fabricar papel para sus libros con una materia nueva. En fin: cuando padecía de su afección al corazón, en Vierzschovnia, le asaltó la deliciosa idea de traficar con los bosques que la condesa Hanska poseía, y fue menester que su cuñado, M. Surville, le hiciese comprender que los gastos de trasporte de la madera absorberían los beneficios. Así trabajaba continuamente su cerebro. Hasta con el azar especulaba. Cuéntase que una noche fue a apostarse durante dos horas en la plaza del Château d'Eau, convencido de que allí lo aguardaba un acontecimiento feliz y decisivo. Como él mismo escribe en alguna parte de la correspondencia, ciertas mañanas se levantaba con una gran emoción, estremeciéndose al menor golpe que sonaba en la puerta, creyendo que andaba en juego la felicidad de su vida. Esta esperanza nerviosa de un beneficio de la suerte debía llevarlo en derechura a creer en las manifestaciones sobrenaturales. Fue, con efecto, un creyente del sonambulismo, y en una carta a su madre leo el asombroso pasaje que sigue: "Ahora, queridísima madre, encontrarás adjuntos dos retazos de franela que he llevado en el estómago, y con los cuales irás a casa de M. Chapelain. Empieza por dar a examinar el pedazo número 1. Pregunta la causa y el asiento del mal, y el tratamiento que hay que seguir; haz que te explique el por qué de cada cosa, todo muy circunstanciado. Luego, en cuanto al número 2, pregunta la razón del vejigatorio prescrito en la consulta precedente, y respóndeme por el correo del mismo día en que hagas la consulta, y haz la consulta en seguida que recibas mi carta. Ten cuidado de coger la franela con papeles para no alterar los efluvios". El místico de *Luis Lambert* debía venir a parar en eso forzosamente. Sin duda en aquel vasto cerebro había una lesión. Los días en que no se elevaba a lo sublime, caía en lo raro.

Creo no haber omitido nada de lo que merecía sacarse de la correspondencia para ponerlo en plena luz. Como ya he dicho, Balzac se ha pintado a sí mismo en ella por entero. Para el que sepa buscarlo y encontrarlo, el novelista y el hombre se le aparecerán con todo su porte exterior y sus pensamientos más íntimos. Es una confesión general.

VI. El fundador del naturalismo.

Al cerrar la obra, he quedado sumido en gran meditación. ¡Qué singulares caminos elige el destino a veces para hacer un gran hombre! Balzac ha muerto, y no tenemos más que su monumento ante la vista: nos asombra por su altura; permanecemos llenos de respeto delante de trabajo tan prodigioso. ¿Cómo ha podido un obrero labrar por sí solo semejante mundo? Y si escudriñamos la historia de ese obrero, averiguamos que trabajaba sencillamente para pagar sus deudas. Sí, ese gigante infatigable no era más que un deudor acosado por sus acreedores, que acababa una novela para liquidar un pagaré, que amontonaba páginas para evitar un embargo, que hacía ese milagro de producción soberbia mirando únicamente a los vencimientos de cada mes. Parece que bajo el aguijón de necesidades siempre apremiantes, el cerebro ha estallado, rompiendo en una explosión de obras maestras.

¿Quién sabe lo que hubiera podido ser la obra de Balzac, si hubiese nacido con una sólida fortuna, en medio de una vida tranquila y ordenada? De fijo habría producido menos. No sintiéndose hostigado, quizá se habría puesto en busca de la perfección, esmerándose en sus libros, y escribiendo a sus horas. Hubiésemos ganado obras más maduras y mejor equilibradas; pero esas obras tendrían, por fuerza, menos llama interior. En este terreno de las hipótesis, cabe hasta llegar a suponer que Balzac hubiese preferido los negocios, y que tendríamos un gran escritor menos. Había en él un comerciante ardentísimo, que hubiera cedido a la tentación de las empresas, de los viajes, de la política y de la industria. Naturalmente, no hago más que apuntar estas eventualidades posibles.

Sólo tal hombre podía escribir la epopeya moderna. Era preciso que hubiese pasado por la quiebra para componer su admirable *César Birotteau*, que es tan grande en su perfumería como el héroe de Homero delante de Troya. Era preciso que hubiese andado por el arroyo de París con zapatos rotos para conocer las miserias de la vida, y levantar los tipos eternos de los Goriot, de los Felipe Bridau, de los Marneffe, de los barones Hulot, de los Rastignac. Un hombre dichoso, que hubiese digerido sosegadamente y pasado los días sin sacudimientos, jamás hubiese descendido a esa fiebre de la existencia actual. Balzac, actor del drama del dinero, ha extraído del dinero todo lo terriblemente patético que encierra en nuestra época; y ha analizado asimismo las pasiones que mueven a los personajes de la comedia contemporánea; ha pintado admirablemente su tiempo, porque sufría los males de su tiempo. Es el soldado colocado en el centro de la batalla de la vida, que lo ve todo, que se bate por su propia cuenta, y que refiere la acción en la fiebre misma de la lucha.

Vino a su hora; he ahí otra de las razones de su genio. No se le concibe naciendo en el siglo XVII, en el cual hubiese sido un autor trágico bien mediano. Debía surgir precisamente en el momento en que se moría de anemia la literatura clásica y en que iba a ensancharse el molde de la novela, englobando todos los géneros de la antigua retórica, para servir de instrumento a la investigación universal que abría el espíritu moderno sobre las cosas y los seres. Se imponían los métodos científicos; los héroes pálidos se desvanecían ante las creaciones reales; el análisis reemplazaba por doquiera a la imaginación. En tales circunstancias, él era el llamado primero a emplear poderosamente esos nuevos útiles. Creó la novela naturalista, el estudio exacto de la sociedad; y de golpe, por una audacia de genio, se atrevió a hacer vivir en su vasto fresco toda una sociedad copiada de la que se presentaba ante él. Era la más brillante afirmación de la evolución moderna. Mataba las mentiras de los antiguos géneros, e inauguraba el porvenir. Lo más asombroso en él es que consumase esa revolución en pleno movimiento romántico. Toda la atención se dirigía entonces hacia el grupo fulgurante, a cuya cabeza reinaba Víctor Hugo. Las obras de Balzac no alcanzaban más que un menguadísimo éxito. Nadie podía sospechar que el verdadero innovador era ese novelista que despedía aún tan poco brillo, y cuyas obras parecían tan confusas y enojosas. Cierto que Víctor Hugo es un hombre de genio, el primer poeta lírico del mundo; pero la escuela de Víctor Hugo agoniza, y el poeta no tiene ya más que un influjo retórico sobre los escritores jóvenes, mientras que Balzac crece de día en día, y determina a estas horas un movimiento literario que con seguridad será el del siglo XX. Se avanza por la vía que él ha trazado, y cada uno de los nuevos que vengan llevará el análisis más lejos y ensanchará el método. Está a la cabeza de la Francia literaria de mañana.

M. H. Taine, en un antiguo estudio que hizo sobre él, tuvo que remontarse hasta Shakespeare para encontrarle un igual. Y la comparación es exacta. Sólo Shakespeare, en efecto, ha dado a luz una humanidad tan grande y tan viva. Son dos creadores de almas de la misma potencia, nacidos en dos sociedades diferentes. Uno y otro nos han dejado sus obras como vastos almacenes de documentos humanos. La gloria de Balzac está en eso. Otros han podido escribir en nuestra patria con más corrección y brillo; otros han podido ostentar una imaginación más equilibrada; otros han podido sobresalir en la lógica de los sentimientos, en la creación de figuras perfectas; pero nadie ha escudriñado más hondamente la humanidad; nadie ha dicho más sobre el hombre; nadie, en suma, ha acumulado una masa más considerable de documentos. Figuraos un químico que entra todas las mañanas en su laboratorio, y se encierra en él para multiplicar los experimentos; ese químico escribe todos sus hallazgos, descubre a cada hora nuevas verdades, y las apunta en medio de la fiebre de su trabajo. Quizá se advierta alguna falta de orden; mas no dejará de haber por eso, para quien lea tales papeles, un resplandecimiento de toda clase de verdades, de materiales de inestimable valor. Todo ello podrá clasificarse más tarde. El sabio que por primera vez ha desbrozado la materia, conservará el eterno honor de haber fundado una ciencia. Pues bien: Balzac es ese químico del corazón y del cerebro humanos: ha fundado una literatura.

VII. La crítica de Balzac.

Sería muy interesante estudiar a Balzac como crítico. Hoy sólo queda en pie *La Comedia humana*, y parece ignorarse que Balzac terció en las luchas del periodismo, que anduvo empeñado en terribles polémicas, y, en fin, que, ante los ataques descarados de toda la prensa, replicó a veces con violencia extremada. Pero en lo que yo deseo insistir no es en sus batallas; esas me limito a consignarlas no más. Me parece mucho más interesante, estudiando a Balzac como crítico, inquirir cuáles eran sus ideas generales en literatura, y determinar de ese modo si tuvo conciencia del importante papel que representaba en las letras modernas.

Los editores de la gran edición completa, publicada hace algunos años, han reunido las obras críticas de Balzac bajo el título: *Retratos y crítica literaria*. Este grueso volumen permite juzgar el sentido crítico del novelista, y formarse una idea de sus doctrinas.

Me excedo un poco, lo confieso, porque, después de una atenta lectura, las doctrinas de Balzac no me parecen muy claras. Cierto que aventura teorías sobre teorías, que se inflama a cada idea, y sale disparado en seguida a arreglar el mundo; pero, cuando se examina de cerca todo eso, se pierde uno en una maraña inextricable. Falta la idea primera; él no se apoya en una verdad científica para deducir de allí juicios lógicos. En cada una de sus páginas encontramos todas nuestras verdades; sólo que aparecen como entrevistas en el sueño tumultuoso de un vidente; se chocan y se pierden en medio de la mezcla de lo bueno y lo malo; nada hay que las coordine y permita sacar de ellas fórmulas exactas y precisas. En resumen: sin pretender que

Balzac fuese inconsciente de su obra, es seguro que no calculó ni su influjo literario ni su alcance social.

Creo firmemente que esa inconsciencia dimanaba, sobretodo, de su falta de sentido crítico. Hay que entenderme: quiero decir que juzgaba por arranques de entusiasmo, sin método riguroso, sino siempre con la imaginación caldeada. Por lo demás, en el crítico se ve al novelista; es el mismo soñador despierto, que, a partir de la observación, lo agranda en sueños todo, que echa las campanas a vuelo ante el genio de Walter Scott, para gastar en seguida bromas de un gusto dudoso sobre los versos de *Hernani*. El volumen que tengo en las manos está lleno de juicios extraños por el estilo.

Por ejemplo, parece haberle preocupado mucho la novela histórica. ¿No es asombroso? Ved aquí un escritor que va a crear la novela naturalista moderna, y no parece que lo traen al retortero más que los harapos de esas pretendidas novelas históricas, tan falsas, y de una lectura tan indigesta a la hora presente. Paso todavía por su admiración hacia Walter Scott, aunque traspase todos los límites, y nos lo presente a él radicalmente inconsciente de su propio genio –porque no me explico cómo el autor de *La Prima Bette* puede transigir con el autor de *Ivanhoe*, hasta el punto de proclamarlo el gran hombre del siglo. Pero ha ido más lejos: ha escrito sobre Enrique de Latouche elogios extraordinarios, que tienen todas las trazas de una broma.

Leed esto: "Hay en su alma una mezcla de Voltaire y de lord Byron". Y más adelante: "Decir ahora que en este libro el estilo responde al pensamiento, que el más brillante color cubre el dibujo más amplio, que los bordados más delicados adornan la tela más sólida, sería puntualizar los adornos que serpentean sobre los capiteles de un hermoso edificio. Resumiré mi juicio en una frase: De igual suerte que *Hermafrodita*, *Fragoletta* vivirá como un monumento". Creo inútil insistir sobre el tal "monumento".

De esa suerte, en las noticias bibliográficas bastante numerosas que Balzac ha publicado sucesivamente en el *Folletín de los Diarios políticos*, en *La Caricatura* y en *La Crónica de París*, aventura a la buena de Dios apreciaciones, severas o encomiásticas, según el humor del momento, sin que haya modo de referirlas a una manera de ver general y razonada. Ese vasto espíritu, que debía crear un mundo tan vivo y tan contemporáneo, no reclama casi en ninguna parte la vida ni el estudio de la sociedad moderna. Y no es amplitud de miras, como pudiera creerse; no es el deseo de comprenderlo y aceptarlo todo; se trata simplemente de un crítico que carece de método y camina al azar, muy desorientado y muy ciego a la par en cuanto a su misma producción.

He hecho algunos descubrimientos. Balzac había demostrado gran admiración por escritores que luego lo atacaron violentamente. Se sabe lo poco que le quería Sainte-Beuve, y la injusta severidad con que siempre lo juzgó. Sin embargo, Balzac había escrito: "Si *Voluptuosidad*, uno de los libros más notables de este tiempo, ha costado seis años de trabajo, afirmamos que, al precio que se ha pagado, no ha sacado su autor el jornal de un ganapán". Y en cuanto a Janin, que lo maltrató odiosamente en la *Revista de Paris*, después del famoso proceso, decía Balzac, hablando de la *Confesión*: "Nada es este pálido análisis al lado del drama, que se adapta maravillosamente a un estilo brillante, lleno de estro y de color; aquí es Diderot con su lenguaje abrupto y fogoso; allí es Sterne con su toque fino y delicado; ya es una figura sombría y satánica, ya un cuadro puro y fresco en que podéis reposar de los transportes apasionados de una psicología desesperada". Hago estas citas para demostrar que no fue Balzac quien empezó la guerra que más tarde le declararon sus colegas y la prensa.

Y a propósito: en la Memoria que escribió para defenderse cuando su pleito con la *Revista de París*, encuentro este hermoso grito: "Hace mucho tiempo que un hombre, proscrito del campo de la literatura, debía haber tomado su partido respecto de todas las desgracias previstas de la guerra literaria. Llega un día en que están cicatrizadas las heridas y en que se han olvidado las cobardías de los que os hirieron por detrás; por honra de nuestro país, hay que dejarlos en el olvido: los artículos injuriosos pasan, los libros quedan; las grandes obras se encargan de dar cuenta de los pequeños enemigos". ¡Balzac desterrado de la literatura! ¡Qué lección en ese hecho que él mismo consigna, y qué pacientes debe hacernos!

He descubierto igualmente una nota muy laudatoria, escrita el 31 de Mayo de 1832, sobre *Indiana*, de Jorge Sand. Es otro de los raros pasajes en que Balzac se pronuncia claramente por los asuntos modernos. "Este libro es una reacción de la verdad contra lo fantástico, del tiempo presente contra la Edad Media, del drama íntimo contra la extravagancia de los incidentes a la moda, de la sencillez de los hechos contra la exageración del género histórico." He aquí al crítico en uno de sus buenos días de lucidez.

El estudio más curioso de todo el volumen, es, sin duda, el consagrado a *Hernani*. No es posible figurarse *la reventadura*. Y es tanto más imprevista, cuanto que en ningún otro artículo se ha apasionado el crítico hasta ese punto. Se percibe una cólera, una sublevación, que lo arrastra a la injusticia, y le hace pronunciar una sentencia que el público parece casar hoy. Ese estudio es seguramente muy poco conocido, porque nadie lo ha recordado al volver a ponerse en escena *Hernani*. Se ensaña con los personajes del drama, demuestra su sinrazón, su inverosimilitud, su ridiculez; y todo ello en un tono casi zumbón, como si el crítico se negase a tomar en serio la obra. No perdona nada, ni los pormenores de mobiliario, ni los defectos de lenguaje, ni los errores históricos, ni las pequeñas imposibilidades materiales.

Lo que Balzac no dice es que los defectos desaparecen en la ola más magnífica de poesía lírica que ha corrido jamás por una nación.

Somos de la opinión de Balzac cuando escribe: "Resumimos nuestra crítica diciendo que todos los resortes de esta obra están gastados; que el asunto es inadmisible, así reposase sobre un hecho verdadero, porque no todas las aventuras son susceptibles de dramatizarse; los caracteres falsos; la conducta de los personajes, contraria al buen sentido...." Pero no podemos seguirlo, cuando acaba con este fallo: "El autor nos parece hasta ahora mejor prosista que poeta". Añádase que habla de *Hernani* como de un éxito "que podría ponernos en ridículo ante Europa, si fuésemos cómplices de él". Hoy cincuenta años han desautorizado a Balzac, y ante ese error, duda uno si tuvo muy claro y desarrollado el sentido crítico.

VIII. LOS ARTISTAS. LA INSPIRACIÓN. LA NOVELA MODERNA.

Balzac ha escrito un estudio sumamente asombroso sobre los artistas. Data, es verdad, de Abril de 1830, y eso explica su sello romántico. Ese gran trabajador, que nunca aceptó nada del Estado, empieza por suspirar, recordando la época en que Julio II alojaba en su palacio a Rafael; cita a Napoleón, que ofrecía a Canova millones y la senaduría; incurre, en fin, en ese lugar común de que el artista es un ser aparte, hecho para ser mantenido por manos regias. Pero no es eso todo: su artista es el poeta melenudo de 1830, el profeta que obedece a una revelación. Leed este singular retrato:

"Obra bajo el imperio de ciertas circunstancias cuya reunión es un misterio. No se pertenece. Es juguete de una fuerza eminentemente caprichosa....Tal día, sin que él lo sepa, sopla un viento, y todo se relaja. Ni por un Imperio, ni por millones tocaría su pincel, modelaría un trozo de cera, o escribiría una línea.... Una noche, en medio de la calle, una mañana al levantarse, o en el seno de una alegre orgía, acierta un carbón encendido a tocar ese cráneo, esas manos, esa lengua; de pronto una palabra despierta las ideas, que nacen, crecen, fermentan.... Tal es el artista; humilde instrumento de una voluntad despótica, obedece a un amo. Cuando se le cree libre, es esclavo; cuando se le ve agitarse, abandonarse a los arrebatos de sus locuras y de sus placeres, carece de poder y de voluntad, está muerto. Perpetua antítesis, que se encuentra así en la majestad de su poder como en la nada de su vida, es siempre un dios o siempre un cadáver."

Hoy nos hacen sonreír esas cosas. Toda una época está ahí: la "alegre orgía", el "carbón encendido", la antítesis del dios y del cadáver, delatan claramente la fecha de ese trozo.

Se creía entonces que los artistas, pintores, poetas, novelistas, abrían la ventana a la inspiración; la esperaban como una amante que viene o no viene, según su capricho de mujer. El genio no se concebía sin el desorden. Se trabajaba al fragor del trueno, en medio de las llamas de bengala de una apoteosis, con el pelo erizado por la tensión cerebral, cediendo a un furor de pitonisa visitada por el dios. Esas actitudes líricas no están ya de moda, y hoy apenas creemos más que en el trabajo: el porvenir es de las personas laboriosas que se sientan todas las mañanas delante de su mesa sin otra cosa que la fe en el estudio y en su voluntad. Notad que nada había más desastroso para los escritores jóvenes que esta teoría de la inspiración, que hacía de un autor un tabernáculo inconsciente, donde el dios habitaba por accidente de tarde en tarde y sin regularidad. Entonces, ¿á qué el trabajo, la energía, la continuidad del esfuerzo? ¿Cuánto mejor vivir en la "alegre orgía", esperando la abrasadura del carbón divino? Yo he conocido jóvenes del cortejo romántico llenos de menosprecio por nuestro trabajo regular, por este arrastre de la inteligencia, por esta faena en que se doblegan el cuerpo y el pensamiento, y que llaman desdeñosamente faena de albañiles. Somos *horteras*,[1] es verdad; pero eso precisamente constituye nuestra fuerza y nuestra gloria.

1. El término desdeñoso empleado en Francia para zaherir a los escritores naturalistas, y que recuerda aquí Zola, es *épiciers*, merceros o

Lo que me asombra es ver en la pluma de Balzac esa manera romántica de entender el trabajo. No ha habido productor más ordenado que él; extremaba las cosas hasta el sistema, eligiendo ciertas horas, ocupando las noches enteras. Jamás hubo escritor que menos conociese el reposo. Y en esto habría que citar también a Víctor Hugo. ¿No debería ser éste el tipo del profeta inspirado, tan pronto cadáver como dios, que canta a merced de sus inspiraciones? Pues bien: no hay tal cosa. Víctor Hugo, el jefe de todo ese movimiento, es también un albañil, que se encierra a las mismas horas, que construye piedra a piedra y con un esfuerzo continuo, no esperando nada del azar. Todo se reduce, pues, a decir que hay días en que tiene uno más lucidez de inteligencia; y concluyo de todo que Balzac, desde el momento en que escribía páginas tan extrañas sobre la inspiración, carecía de sentido crítico, y demostraba cuán confusas eran sus ideas generales.

Prefiero, con mucho, la carta que dirigió el 11 de Octubre de 1846 a M. Hippolyte Castille, que se daba a conocer entonces, y que había hecho un estudio notable sobre *La Comedia humana*. Allí se defiende Balzac contra los ataques de toda la prensa, y explica ciertos puntos de su obra.

tenderos de ultramarinos. La voz se aplica a toda persona de baja estofa, inculta, vulgar, y encadenada al trabajo como el mancebo al mostrador. Es tan despreciativa, que llamar a un sujeto *épicier*, equivale casi a llamarlo idiota. (N. del T.)

Se le achacaba sobre todo inmoralidad, lo cual lo exasperaba; y como M. Hippolyte Castille le hubiese censurado sus tipos de gentes miserables, respondió: "No verá V acabar bien en *La Comedia humana* muchas gentes que hayan perdido el sentimiento del honor; pero, como en nuestra afrentosa sociedad la Providencia se permite bastante a menudo esa afrentosa broma, allí estará representado este hecho". Y añadía con razón: "Las grandes obras subsisten por los elementos apasionados que encierran, y la pasión es el exceso, es el mal". No multiplicaré las citas. Hoy, como en otro tiempo, esa cuestión de la moralidad no es más que un arma de la medianía y de la tontería contra los escritores potentes.

Hay otro pasaje muy interesante en esa carta a M. Hippolyte Castille. Oíd a Balzac hablando de *La Comedia humana*: "¿Cuál es la suerte de estas grandes lonjas literarias? Convertirse en ruinas de donde salen algunos tallos, algunas flores. ¿Quién sabe hoy los nombres de los autores que, en otro tiempo, ora en el Indostán, ora en la Edad Media, han intentado empresas semejantes en poemas, cuyos solos títulos son ya objeto de una investigación científica? ¡Qué de inmensas epopeyas olvidadas!" He ahí un grito de suprema duda. Ese escritor, a quien se acusaba de una inmensa vanidad, era en el fondo completamente franco consigo mismo, como todos los fuertes. Definía su gran obra en una frase: "Una generación es un drama de

cuatro o cinco mil personajes salientes", y esa frase indica-
ba la medida de su ambición. Pero no se hacía ilusiones
sobre los peligros de la empresa, y añadía: "Todos, desde
Bonald, Lamartine, Chateaubriand, Béranger, Víctor
Hugo, Lamennais, Jorge Sand, hasta Paul de Kock, Pigault-
Lebrun y yo, somos albañiles; el arquitecto está por cima
de nosotros. Todos los escritores de este tiempo son peones de un porvenir, oculto por una cortina de plomo. Si
hay alguno que esté en el secreto del monumento, ese es el
verdadero, el único gran hombre". Debería meditarse esto
largamente.

Balzac tiene razón: el porvenir se sustrae a nuestras mira-
das. De todos los escritores aclamados por una generación,
¿cuál se atrevería a exclamar con certidumbre: "Yo sólo
viviré, yo soy el maestro"? El tiempo es el que clasifica a los
hombres, y los clasifica según el influjo que ejercen sobre el
porvenir. Quienquiera que haya sido el obrero de mañana,
reinará indefectiblemente sobre la posteridad. Como dice
muy bien Balzac, todos nosotros somos peones de un porvenir oculto, y el maestro será aquel en quien se reconozca
el arquitecto más poderoso de ese porvenir. Pero, ¿es absolutamente preciso estar "en el secreto del monumento"? El
ejemplo de Balzac nos probaría lo contrario, puesto que
afecta, quizá por modestia, ignorar el porvenir. Según yo,
no lo veía más que en parte, y confusamente, atestado
como tenía el espíritu de teorías inciertas, y perturbado el

sentido crítico por el aumento de proporciones que daba continuamente a los hombres y a las cosas. Y no ha dejado por eso de ser un creador de genio, el obrero más robusto de la literatura de mañana.

Llego a mi conclusión. Balzac ha creado un mundo, no sin quererlo, pero sin saber a ciencia cierta cuán formidable sería la influencia de ese mundo. Un pormenor gracioso, y que prueba lo inconsciente que era a veces, son sus pretensiones de católico y de legitimista. Defendía a Dios y al Rey, si no como creyente, al menos como político que cree en la necesidad de una policía humana directora y represiva. Ahora bien: ha escrito la obra más revolucionaria, una obra en que, sobre las ruinas de una sociedad podrida, crece y se afirma la democracia. Derriba al Rey, derriba a Dios, derriba todo el mundo añejo, sin darse cuenta, al parecer; y no queda en él más que una cosa: la afirmación moderna, la creencia en el trabajo, la evolución científica que se halla en vías de transformar a la humanidad. Claro que eso es confuso todavía en *La Comedia humana*; pero el hecho es que Balzac, queriéndolo o no, ha abogado por el pueblo contra el Rey, y por la ciencia contra la fe.

Esta confusión en sus ideas generales es muy visible en el prólogo que escribió andando el tiempo para *La Comedia humana*. Sabido es que no le ocurrió sino bastante tarde la idea de un lazo común entre sus novelas. Entonces quiso apoyarse en la ciencia. "No hay más que un animal –dice. El Creador no se ha servido más que de un solo y mismo patrón para todos los seres organizados. El animal es un principio que adquiere su forma exterior, o, para hablar más exactamente, las diferencias de su forma, en los medios en que está llamado a desenvolverse. Las especies zoológicas resultan de sus diferencias." Y cita a Geoffroy Saint-Hilaire. He aquí, pues, su plan: cree en un hombre único, modificado por los medios, y sus novelas van a versar sobre las diferencias que determinarán los medios entre sus personajes. Pero él no lleva las cosas a estas rígidas consecuencias; ha tocado a la ciencia de pasada, y se pierde en seguida en consideraciones subalternas, insistiendo en una comparación entre el hombre y los animales que, en vez de aclarar la cuestión, la oscurece. "Luego que Buffon pintaba el león, acababa lo relativo a la leona en unas cuantas frases; mientras que en la sociedad la mujer no siempre parece la hembra del macho.... El estado social ofrece azares que no se permite la naturaleza, porque aquél es la naturaleza más la sociedad. Sin considerar, pues, otra cosa que los dos sexos, la descripción de las especies sociales resultaba doble, por lo menos, que la de las especies animales."

¡Ah!, sí; pero ya está por los suelos la sencillez del plan científico. Continúa el prólogo en medio de un flujo perpetuo de ideas, donde se ahogan los puntos de vista generales, y aumenta la confusión. Parece que Balzac no puede ceñirse a una idea amplia y sencilla; su cerebro produce sin cesar; los pensamientos se agolpan, y frecuentemente se contradicen; se trata, como ya he dicho, de la visión colosal de un hombre que siempre está dando a luz, y es incapaz de síntesis.

Tal ha sido su genio. Ha fundado nuestra novela actual con la más soberbia, pero más caliginosa, de las producciones. No debemos pedirle ni sentido crítico, ni concepciones generales completas y precisas. Ha flotado entre todos los extremos, de la fe a la ciencia, del romanticismo al naturalismo. Quizá, si pudiera leernos, renegaría de nosotros, sus hijos, porque encontraría en sus obras armas para combatirnos en medio del *tohu-bohu*[1] increíble de sus opiniones. Pero basta que sea nuestro verdadero padre, que sea el primero que ha afirmado la acción decisiva del medio sobre el personaje, que haya introducido en la novela los métodos de observación y experimentación, para que lo miremos como el genio del siglo. Si no ha estado, como él dice, *en el secreto del monumento*, no por eso deja de ser el obrero prodigioso que ha echado los cimientos de ese monumento de las letras modernas.

---

1. Conservamos la expresión del original, compuesta de las dos voces hebraicas con que califica el Génesis el estado caótico de la tierra antes de la creación del mundo. (N. del T.)

ÉMILE ZOLA
(París, 1840-1902)
retratado por Nadar hacia 1890

Guy de Maupassant:
Zola, el revolucionario

Émile Zola:
Victor Hugo

Aldous Huxley:
La vulgaridad en literatura

Ramón Gómez de la Serna:
Baudelaire, el desgarrado

Vladimir Maiakovski:
El baño, drama en seis actos

Ramón Gómez de la Serna:
Oscar Wilde, un retrato

Yevgueni Zamiatin:
La pulga, juego cómico en cuatro actos

W. B. Yeats:
La condesa Catalina

G. K. Chesterton:
Magia, una comedia fantástica

Vladimir Maiakovski:
La chinche, una comedia de magia

Jules Verne:
Edgar Allan Poe y sus obras

Sainte-Beuve:
Molière

Théophile Gautier:
Balzac

Ivan Turguenev:
Hamlet y Don Quijote

Émile Zola:
Gustave Flaubert

Marcel Proust:
El caso Lemoine

Wilhelm Dilthey:
Satanás en la poesía cristiana

Emilia Pardo Bazán:
Balzac: la comedia humana

Ramón Gómez de la Serna:
Gérard de Nerval, una vida

Stefan Zweig:
Marceline Desbordes-Valmores

Manuel Azaña:
Cervantes y la invención del Quijote

Ralph Waldo Emerson:
Shakespeare y Goethe

Boccaccio:
Dante Alighieri: su vida y sus obras

Victor Hugo:
William Shakespeare

Mark Twain:
¿Ha muerto Shakespeare?

André Gide:
Oscar Wilde: in memoriam